MORCEAUX CHOISIS

T0382321

ANDRÉ MAUROIS

MORCEAUX CHOISIS

EDITED BY

E. G. Le GRAND
Officier de l'Instruction Publique,
Bradfield College, Berks

With
a special preface by
the Author

CAMBRIDGE
AT THE UNIVERSITY PRESS
1931

CAMBRIDGE
UNIVERSITY PRESS

University Printing House, Cambridge CB2 8BS, United Kingdom

Cambridge University Press is part of the University of Cambridge.

It furthers the University's mission by disseminating knowledge in the pursuit of
education, learning and research at the highest international levels of excellence.

www.cambridge.org
Information on this title: www.cambridge.org/9781107486799

First published 1931
First paperback edition 2015

A catalogue record for this publication is available from the British Library

ISBN 978-1-107-48679-9 Paperback

CONTENTS

PRÉFACE

IL n'est pas facile pour un écrivain d'apercevoir lui-même l'idée centrale qui court à travers ses livres et qui donne à l'œuvre son unité.

Pour mon compte et puisque vous me posez la question, il me semble que je puis dire ceci. Comprendre les êtres humains (ou plutôt essayer de les comprendre) a toujours été mon plus grand plaisir. Je laisse à d'autres le soin nécessaire de condamner et de juger. Chacun de nous étant ce qu'il est, le rôle du romancier ou du biographe me paraît être de décrire aussi exactement qu'il en est capable les âmes de ses modèles. Il doit être *juste* envers eux et montrer comment, sur le même évènement, des opinions contraires ont pu sembler vraies à des hommes différents. C'est ainsi que j'ai essayé de peindre avec sympathie Byron après Shelley, Don Juan après Ariel, et Peel en face de Disraëli. Browning, dans son grand poème, *The Ring and the Book*, faisait parler l'un après l'autre les acteurs du drame. J'aimerais écrire un jour une biographie qui fût construite comme ce poème. A chacun des personnages de l'histoire, son propre rôle semble important et sa conduite légitime. Cela ne veut pas dire qu'aucun d'eux n'ait tort. Mais le moraliste et l'artiste ont des techniques différentes. "Quand je peins des voleurs de chevaux, dit Tchékov, certains souhaitent que je dise aussi qu'il est mal de voler des chevaux; cela, c'est l'affaire du juge et non la mienne."

Cette impartialité et ce relativisme qui m'apparaissent comme le devoir de l'observateur, j'ai souhaité les apporter aussi à l'observation des peuples étrangers. Ici encore chaque peuple est ce qu'il est, il importe, avant l'action, de le comprendre. Jeté par les hasards de la guerre dans une société tout anglaise, j'ai fait de mon mieux pour la pénétrer et j'ai fini par l'aimer. Peut-être cet effort me donne-t-il quelque autorité pour demander aux jeunes Anglais qui étudient la France la même curiosité et la même patience.

ANDRÉ MAUROIS

M. ANDRÉ MAUROIS

C'EST en Normandie et en 1885 qu'est né M. Maurois, de famille venue d'Alsace après la guerre de 1870. Il fit de brillantes études, et grâce à de fréquents voyages en Angleterre il se familiarisa avec la langue du pays. Ses connaissances le désignèrent en 1914 pour servir d'interprète entre les troupes françaises et anglaises. Il fut attaché à la 9e division écossaise. Après la bataille de Loos M. Maurois reçut le D.C.M., et c'est vers cette époque qu'il écrivit *Les Silences du Colonel Bramble.* Ce livre fut immédiatement proclamé l'une des études les plus subtiles et les plus vivantes de la guerre. Le succès qu'il obtint en France et en Angleterre fut tel, les requêtes adressées à l'auteur furent si nombreuses que, la guerre finie, M. Maurois écrivit *Les Discours du Docteur O'Grady.* Ce fut une joie nouvelle pour de nombreux lecteurs.

D'autres ouvrages, *Ni Ange, ni Bête, Les bourgeois de Witzheim, Les Dialogues sur le Commandement, Bernard Quesnay, Méïpe, Rouen, Au pays des Articoles,* avaient paru, qui tous révélaient sous des jours différents le merveilleux talent d'observation, et l'imagination de M. Maurois. Puis ce furent des biographies. *Ariel* d'abord, "un beau poème en prose," *Disraëli,* un monument historique de réelle grandeur, un roman, *Climats,* que des contemporains n'ont pas hésité à proclamer un "chef-d'œuvre," enfin *Byron* vient de paraître.

M. Maurois est jeune. Il vit à une époque où les hommes semblent plus épris de plaisirs que d'idéal; lorsque les générations qui sont parties à la poursuite de la vie facile auront compris l'inutilité et la vanité de leur recherche, c'est vers l'exemple d'activité et d'énergie que donne M. Maurois qu'ils se tourneront; et c'est à son beau talent d'artiste et de penseur qu'ils demanderont, et pas en vain, leur inspiration.

LES MORCEAUX CHOISIS

Il existe peut-être encore en Angleterre, parmi les gens qui lisent et qui causent, certaines personnes qui n'ont jamais entendu parler d'André Maurois, mais il en est bien peu qui n'aient ou lu ou écouté lire *Les Silences du Colonel Bramble.* En tout cas, pour ce que l'on est convenu d'appeler "the man in the street," le Colonel Bramble c'est Maurois, et Maurois c'est le Colonel Bramble. Pour juste, ou à peu près, que soit cette association d'idées, elle n'est cependant pas complète, il s'en faut de beaucoup. André Maurois est sans doute l'observateur fidèle des officiers et soldats anglais, c'est l'écrivain fin, délicat, humoristique, charmeur que des milliers de lecteurs des deux côtés de la Manche lisent et relisent. Mais il est bien autre chose encore, et c'est pour essayer de le prouver que ces morceaux choisis ont été réunis.

D'abord, dans ce recueil, on ne trouvera aucun extrait des *Silences du Colonel Bramble,* ni des *Discours du Docteur O'Grady.* C'est parce que ces ouvrages ont été déjà traités, et non parce qu'ils ont été considérés comme sans valeur représentative du génie de Maurois.

Nous ne sommes pas de ceux qui disent "André Maurois doit être embarrassé de *Bramble*." Au contraire nous croyons fermement que si *Bramble* n'était pas écrit, il le serait maintenant, et nul ne le ferait mieux, ni plus volontiers que Maurois lui-même. Sans vouloir discuter ici le mérite littéraire, analytique, peut-être même historique de l'ouvrage, *Bramble* n'a-t-il pas eu celui de créer pour Maurois un public ? et quand on s'appelle André Maurois et qu'on a son esprit et ses idées, qu'y a-t-il de plus précieux qu'un public sympathique et anxieux ?

Il est en Angleterre, à l'heure actuelle, beaucoup de Français qui ont fait dans ce pays des séjours plus ou moins prolongés, mais il leur a manqué cet esprit d'analyse et d'observation qui a permis à André Maurois d'écrire ces *Conseils à un jeune homme*. Ces recommandations si précieuses, si nous les avions connues, nous eussent évité bien des faux pas !

Et puis ce sont des souvenirs personnels. C'est à Rouen que M. Maurois fit ses études, et "la liste de ses dettes," outre qu'elle montre que, comme le dit la vieille chanson normande :

> Son esprit n'a d'égal que son cœur,

rappellera sûrement à beaucoup d'entre nous, ce que nous devons à nos vieux maîtres.

Une tempête à bord d'un yacht est sur un thème différent. C'est un récit tiré du *Voyage au pays des Articoles*, une fantaisie brillante qui parut en 1928.

Strasbourg est un extrait de *Méipe ou les Mondes imaginaires*. La première des nouvelles que contient ce livre est le récit des souffrances du jeune Werther ;

et la description de la capitale de l'Alsace au moment où la diligence de Francfort y déposa le jeune et inflammable Gœthe est assez belle pour nous permettre d'espérer qu'un jour à venir M. Maurois reprendra ce sujet et qu'il en fera, comme il l'a fait pour Shelley et pour Byron, une œuvre de longue haleine avec Gœthe pour héros.

Madame du Deffand forme un des plus beaux chapitres des *Études Anglaises.* Cet épisode de la vie de la "Grande Dame" du 18e siècle a été reproduit intégralement. Comment retrancher quoi que ce soit de ces pages captivantes où sont racontées les péripéties des relations de Mme du Deffand avec Horace Walpole? Elle avait vu toute la fleur de l'aristocratie à ses genoux, des gentilshommes, des princes du sang avaient soupiré devant elle, qui ne leur répondait que par une coquetterie blessante et ce ne fut que lorsque "Son Anglais," qu'elle ne vit d'ailleurs jamais, puisqu'elle était aveugle, parut, qu'elle connut son premier et unique grand amour. Elle avait 76 ans, et souffrant de l'indifférence que Walpole lui témoignait, elle lui fit un jour l'aveu le plus osé qu'elle eût jamais fait à personne: "Je voudrais être votre grand'mère."

C'était aussi un charmeur qu'Oscar Wilde, peu d'hommes ont eu pendant leur vie autant d'amis ni autant d'ennemis. L'étude reproduite dans ces *Morceaux choisis*, servira peut-être à expliquer comment "il était devenu un des hommes les plus admirés et les plus heureux de l'Angleterre."

M. Henri de Régnier, membre de l'Académie française, écrivait un jour à propos de la *Vie de Disraëli*:

"Il est assez naturel à la jeunesse de se chercher

des modèles de vie, c'est-à-dire de s'orienter vers
l'avenir sous les auspices et selon l'exemple de certaines destinées illustres qui lui semblent les plus
conformes à ses aspirations et à ses ambitions. Chaque
génération adopte ainsi ce que l'on pourrait appeler
des maîtres d'existence et trouve en eux ses points
d'appui et d'exaltation. Ces guides spirituels exercent
sur ceux qui se les sont choisis, une influence qui
souvent n'est pas sans action réelle sur les énergies
qu'elle suscite, et qu'elle dirige....Lorsque le jeune
Hugo écrivait sur ses cahiers d'adolescent "Etre Chateaubriand ou rien," il formulait peut-être moins une
ambition audacieuse qu'un mystérieux pressentiment
dont il n'y a pas plus à sourire que lorsque nous entendons le jeune Benjamin Disraëli déclarer avec un
parfait sérieux qu'il veut être 'Premier Ministre.'......
  "Et que d'obstacles à vaincre en cette longue
montée! Que de qualités à acquérir dans la connaissance des hommes et dans la possession de soi-
même! Il faut s'apprendre à s'utiliser, à maîtriser ses
impatiences ambitieuses, à saisir et à faire naître les
occasions. De plus, un Disraëli n'a-t-il pas à surmonter
les préjugés auxquels se heurte son origine hébraïque,
à atténuer peu à peu l'effet produit par les excentri-
cités et les singularités de sa jeunesse? De romancier,
on ne passe pas aisément politique. Il faut savoir se
rendre utile, nécessaire même, plaire à la fois et être
craint. Disraëli connut et pratiqua ce double art. Il
sut se faire non seulement des partisans, mais aussi
des amis, et il eut moins d'ennemis que d'adversaires.
Contre ces derniers, il agit toujours avec rudesse peut-
être, mais aussi avec loyauté, et se servit d'armes

acérées mais non venimeuses. Regardez-le en ses grandes luttes contre un Robert Peel ou un Gladstone; il frappe fort, mais il frappe à la tête et il a la victoire généreuse."

Les quelques pages reproduites ici donneront à beaucoup le désir de faire plus ample connaissance avec ce livre "délicieux et substantiel."

Délicieuse aussi cette vie de Shelley que Maurois a poétiquement baptisé *Ariel*.

"Certes ce fut un 'cœur pur' que le divin Shelley et un esprit tout aérien, c'est toujours M. de Régnier qui parle, et teinté des plus subtiles nuances de la poésie. Certes, le cœur d'un Shelley fut un cœur instinctif, libéré de bien des notions morales et religieuses, mais que tous ses instincts portaient vers le culte de la beauté."

Il semble que ce "culte de la beauté" ait joué un rôle considérable dans ces premiers ouvrages d'André Maurois—Oscar Wilde après Ruskin, Shelley après Oscar Wilde, Byron après Shelley, ce *dandy* à la mode que fut Disraëli, n'ont-ils pas tous adoré aux pieds de ce même autel, la même déesse Beauté?

Les pages qui forment ces *Morceaux choisis* révèleront à ceux qui ne le connaissent pas encore ce style charmeur qui est celui d'André Maurois. Mais hâtons-nous d'ajouter que ce n'est pas seulement par le style que vaut l'œuvre de notre écrivain favori.

Il existe, dissimulée quelquefois sous ces phrases si habilement construites, une réelle profondeur de pensée. Et cette profondeur est de plus en plus apparente. A peine tangible dans les discours ou les silences des héros de la Grande Guerre, bien que toujours existante, cette philosophie se révèle de jour en jour et d'œuvre en œuvre, que ce soient, romans, études historiques, ou conférences, celles, par exemple, publiées par Cambridge sous le titre de *Aspects of Biography*. Elle est surtout grosse de promesses, car M. Maurois ne nous a pas encore donné la pleine mesure de ses pouvoirs ; il le fera, car lui-même nous disait, il y a quelques mois à peine : " J'ai beaucoup de choses graves à dire, et je les dirai."

E. G. LE GRAND

BRADFIELD COLLEGE
le 20 Octobre 1930

MORCEAUX CHOISIS

I

Conseils à un jeune homme

Je t'ai observé pendant cette soirée, tu étais triste et mécontent de toi. Voisin de cette femme qui te plaît, tu es resté silencieux. Elle a essayé de te rassurer, puis, surprise, s'est levée en murmurant qu'elle devait partir. Tu l'as retrouvée une heure plus tard, éveillée, joyeuse, à côté d'un autre.

Tu es allé te joindre au groupe des politiques. Ils parlaient de thèmes qui te sont familiers ; guerre, impôts, crise des affaires. Ils ne disaient rien qui n'ait été imprimé chaque matin dans les journaux, et pourtant leur conversation semblait animée et spirituelle. Tu as voulu t'y mêler. On s'est tourné vers toi avec étonnement, comme un bon orchestre regarderait un nouveau violon qui jouerait faux. Tu as commencé un récit; après deux phrases, l'homme à la voix forte t'a coupé, et personne ne t'a demandé la fin.

Tu n'as pas osé partir le premier, mais tu as suivi le premier départ. Tu marchais lentement, tête basse ; j'avais envie de te rejoindre et de te dire: "Ne t'émeus pas... Ton aventure de ce soir... Elle fut la nôtre. Ne crois pas qu'on ait remarqué ton silence. Les hommes sont trop occupés d'eux pour penser longtemps à toi."

Tu envies leur autorité. Tu l'auras. Elle naît de la fonction et de l'absence d'esprit critique. Les places te viendront avec l'âge. Tu apprendras à affirmer. Tu auras une doctrine, blindage solide. Abrité par elle, tu deviendras brave. En attendant, observe quelques règles de prudence provisoire.

Ne parle jamais quand, pour la première fois tu pénètres dans un monde nouveau. Écoute, cherche ta profondeur. A Paris il n'y a pas en même temps plus de trois sujets de conversation possibles. Étudie-les tous trois, comme tu préparerais les questions d'histoire pour un examen. Puis guette ta chance. Dans les questions de fait, la compétence donne droit d'intervenir. Sois théologien, psychologue, juriste. Cite les formules d'excommunication et les articles du Code civil. Le monde respecte les spécialistes.

Avec les femmes, sois simple et hardi. Elles aiment le naturel, et qu'on leur parle d'elles. N'hésite pas à décrire ton métier. Il y a dans l'activité de l'homme comme une caresse rude qui les flatte. Ne crains même pas d'être obscur. Elles diront : "C'est ce jeune homme qui a de jolis yeux et qui m'a parlé d'Einstein."

Extrait d'André Maurois : *La Conversation*. Librairie Hachette, éditeur, 79 Boulevard St Germain à Paris.

II

"A la guerre, concevoir est peu, exécuter est tout"

Vouloir, ce n'est pas seulement dire ce qu'on veut, c'est se représenter avec force comment on agira.

Foch enseigne la doctrine de guerre la plus prudente. Un jour on lui avait demandé de faire à des officiers étrangers une conférence sur la stratégie. Sa conclusion fut une de ses phrases au raccourci pascalien : "Messieurs,... le perroquet... animal sublime." C'est qu'en effet la marche du perroquet est à ses yeux l'image du chef dans la bataille. Cramponné des deux pattes au barreau inférieur de sa cage, le perroquet cherche du bec le barreau supérieur. Quand il l'a trouvé, il s'y accroche, puis, d'un mouvement hardi, porte une patte à la hauteur du bec. Mais de l'autre il reste solidement accroché jusqu'à ce que sa nouvelle position lui paraisse tout à fait sûre. Alors seulement il amène la seconde patte, et tout de suite, du bec, cherche le barreau suivant... "Le perroquet, animal sublime."

Quelque temps avant 1914, le colonel Pétain commanda pendant une manœuvre le Parti Bleu et fut vainqueur. Le général directeur réunit les officiers pour la critique et demanda au vaincu d'exposer ses plans. Quand ce fut fini : "Eh bien, dit-il, mon ami, votre cas est clair, vous avez été battu parce que vous avez commencé la journée avec une idée préconçue," et il exposa longuement pourquoi il faut venir à la bataille avec un esprit vierge. Puis il se tourna vers le colonel Pétain et dit en souriant : "A vous, Pétain, quelles étaient vos dispositions ? "

Le colonel Pétain commença : "Mon général, j'avais une idée préconçue......"

En 1914, au moment de la déclaration de guerre, Lyautey reçoit du ministre l'ordre de remettre à sa disposition la plus grande partie des troupes du Maroc. Le gouvernement se rendait compte qu'il serait impossible de tenir tout le pays avec les petits effectifs laissés à Lyautey ; il lui demandait seulement de garder Fez et d'assurer l'évacuation des Français du Sud. C'était fort bien raisonné. Si avec cent mille hommes on peut occuper un territoire, avec vingt mille on peut occuper le cinquième de ce territoire. Règle de trois.

Quand il reçut cette lettre qui ruinait son œuvre, le général ne dit rien et s'enferma dans sa chambre pendant 24 heures. Quand il en sortit, il dicta d'un seul jet un plan qui est resté célèbre là-bas sous le nom de plan du 20 août. "Je vous rendrai, disait-il, tous les bataillons que vous me demandez. Je ne garderai que ce qui est nécessaire pour maintenir l'apparence de postes, mais notre politique sera la politique du sourire. Non seulement nous ne serons pas inquiets, mais aux yeux des indigènes nous serons joyeux. Nous ferons une exposition à Rabat, une

foire à Fez. Un homme qui travaille ne pense plus
à se battre. Tout chantier ouvert est une bataille
gagnée." Ce programme fut exécuté. Non seulement
le terrain conquis fut conservé, mais des tribus encore
rebelles vinrent demander à se soumettre pour monter
sur les chevaux de bois de Fez. L'arithmétique était
vaincue.

La règle de trois, vraie dans le monde des choses,
est fausse dans le monde des humains. On ne prouve
pas qu'il est possible de marquer un essai au rugby ;
on le marque. On ne prouve pas qu'il est possible de
gagner une bataille ; on la gagne.

L'action directe d'un corps sur une pensée n'est pas
niable. Tous les hommes d'affaires vous diront la
différence de valeur entre une visite et une lettre.
Pourtant une lettre pourrait communiquer tout le con-
tenu intellectuel d'une pensée, mais elle laisse évaporer
le corporel qu'un son de voix eût révélé.

Il y a dans l'histoire de la bataille de la Marne
un très beau drame qu'il faudra bien écrire un jour.
C'est celui qui aurait pour sujet l'action personnelle
de Joffre, de ce corps massif, volontaire et pourtant
tout chargé d'émotion et de désir éperdu de vaincre.
Connaissez-vous la visite à French qui, ayant perdu
confiance en nous, se refusait alors à combattre ? Les
généraux anglais debout derrière une table, immobiles,
méfiants, las de promesses jamais tenues ; devant eux,
Joffre passionné, bégayant d'émotion, déposant d'un
geste monotone son cœur sur cette table interposée.
Ce qui persuade alors French, croyez-vous que ce soit
ce que dit Joffre ? Ce qu'il dit, on ne le comprend

guère, ce sont des mots hachés : " bataille où je met-
trai mon dernier obus... décidera de la campagne..."
Tout cela, d'autres l'avaient dit au maréchal anglais
et n'avaient pu le convaincre. Non, ce qui agit, c'est
cette "présence," c'est la passion réelle, visible de cet
homme, c'est le timbre de la voix qui marque la sin-
cérité, et quand French lui répond simplement : "Je
ferai tout mon possible," Joffre s'en va sans en demander plus, parce que là aussi le ton de la réponse
lui a garanti beaucoup plus que la simplicité des mots
ne contenait.

On trouve souvent dans les armées des hommes
que la lenteur de leur esprit fait juger médiocres et
qui deviennent de très grands chefs par la seule force
de leur ténacité. Je pense par exemple à un Kitchener
que j'ai promené à Salonique sur les positions françaises. Ses idées stratégiques m'ont rappelé celles d'un
bon gardien de batterie. Mais quand il avait décidé
une opération, il mettait au service de sa décision une
volonté si ferme, une prévoyance de détails si complète,
qu'il était rare qu'il échouât.
Vous vous souvenez de la lente vengeance qu'il sut
préparer à Gordon assassiné par les Derviches. Il
fallut former l'armée égyptienne, l'équiper presque
sans argent avec le matériel de rebut des armées
européennes, puis la faire avancer le long d'un couloir
rocheux et la maintenir approvisionnée dans un désert.
Mais c'était justement là les travaux qui convenaient
à Kitchener. Il fit déterrer de vieux rails ensevelis
dans la boue. Il posa la ligne lui-même, dessinant ses
courbes, dirigeant ses équipes. Quand elle fut presque

achevée, une crue du Nil en enleva sept kilomètres.
Il serra les dents et recommença. Enfin, le premier
train put passer. En même temps arrivait d'Angleterre une canonnière démontable qu'il avait achetée
avec les économies de l'armée d'Égypte et qui devait
lui permettre d'exécuter des feux de flanc sur l'ennemi.
Il s'y embarqua avec son état-major. Il ordonna le
départ. On entendit une grande explosion; la chaudière avait sauté. L'officier mécanicien vint dire que
le dommage était irréparable. Alors pour la première
fois on crut que Kitchener allait sortir de son terrible
calme. On vit ses yeux devenir humides et les coins
de sa bouche s'abaisser. Il descendit précipitamment
dans sa cabine. Il en ressortit cinq minutes plus tard,
apaisé, donna des ordres de débarquement et dit qu'on
se passerait de la canonnière. La campagne dura plus
d'un an. Enfin, le Mahdi fut tué et avec lui dix mille
Derviches. Kitchener put entrer dans Khartoum. Pendant sa chevauchée de triomphateur il avait l'air d'une
statue de pierre.

Extraits des *Dialogues sur le Commandement.*

III

La liste de mes dettes

Je voudrais, à l'exemple de Marc-Aurèle, dresser ici la liste de mes dettes.

A Nebout, professeur de seconde, je dois l'amour des romantiques. Il aimait Hugo et Vigny; il nous faisait lire avec respect *Stello* et *Quatre-vingt-treize*; il avait écrit des tragédies en vers; il préférait Lucrèce à Virgile; il portait une grande houppelande et on l'appelait le berger.

A Texcier, professeur de rhétorique, je dois Voltaire, France, l'horreur de l'emphase, le respect de la modération. Il préférait Virgile à Lucrèce; il avait des yeux perçants au-dessus d'une barbiche pointue et parlait d'une voix précieuse et pure comme les phrases qu'il aimait. Il nous imposait des sujets classiques, qui nous apprenaient la politesse du style: "Lettre de Gourville au prince de Condé.—Lettre de Malesherbes au roi Louis XVI.—Lettre d'un admirateur de Racine à Racine, après la cabale de *Phèdre*." Les jours de départ en vacances, il nous lisait des contes de Jules Lemaître ou des nouvelles de Mérimée. C'est par lui que j'ai connu le *Vase Étrusque* et l'*Enlèvement de la Redoute*.

A Lecaplain, professeur de physique, je dois tout ce que je sais encore des sciences. Il dictait un cours remarquable, où l'essentiel seul apparaissait. La vie, tissue pour d'autres de passions redoutables, n'était pour lui qu'une longue classe de physique. Il distinguait mal entre elles les générations successives. A

toutes, il avait enseigné qu' "à une même température
(Soulignez quatre fois... Vous l'oublierez au moment
de l'examen...) les volumes d'une même masse de
gaz..." On m'a conté depuis que, prenant sa retraite,
il ne put vivre sans ses classes et dut engager un
secrétaire auquel, du matin au soir, il dicta son cours
d'hydrostatique et son cours d'électricité.

À Mouchel, à Lelieuvre, mathématiciens, je dois le
goût des termes bien définis et l'horreur de l'éloquence.

À Pichon, professeur de gymnastique, je dois le
respect des mouvements bien faits, des pointes de pieds
allongées, des rétablissements sur les poignets, qui élè-
vent le corps lentement, par d'imperceptibles tractions.

À Chartier, professeur de philosophie, je dois tout.

Discours d'un vieux Rouennais

Comprendre Rouen?... On ne comprend pas Rouen,
monsieur, on y vit... On y vit, de père en fils, depuis
trois, quatre, cinq siècles... Non, on ne comprend pas
Rouen, on s'en imprègne... La ville est homogène,
antique; ses habitudes enracinées... On ne quitte pas
Rouen, quand on a l'honneur d'être né Rouennais,
monsieur... On n'émigre pas, même en France... Les
Rouennais sont rares, hors de Rouen... A Paris, quelques colonies groupées autour de la gare Saint-Lazare,
pour être mieux à portée de Rouen... Dans toute la
Seine-Inférieure, six mille Rouennais seulement... Et
beaucoup de fonctionnaires, devenus Rouennais par
les hasards de leur carrière, n'ont plus eu, dès ce
moment, d'autre ambition que de terminer celle-ci à
Rouen... Le Rouennais, monsieur, est insulaire, il est
le plus insulaire des Français... Par certains traits il

rappelle l'Anglais... Le Havre, agité par les vents de l'Océan, fait ses affaires à la manière de New-York. Rouen, port intérieur, traite les siennes à la manière de la Cité de Londres.

L'esprit d'entreprise et la hardiesse n'ont pas été ici les instruments des plus vraiment rouennaises des fortunes, mais plutôt la continuité, l'économie et la prudence. J'ai pu feuilleter le livre de raison d'une vieille famille d'industriels. En 1818, le bisaïeul possédait quatre cent mille francs; en 1826, sept cent mille; en 1832, douze cent mille. Le niveau monte, lentement, jusqu'aux six millions du Rouennais d'aujourd'hui, et cette montée se fait sans secousses. Pas de spéculations triomphantes, mais pas de faillites, pas de catastrophes. Pendant les très grandes crises, la fortune reste étale; dès que l'orage politique ou financier s'éloigne, la montée reprend, tranquille et sûre. Le mode de vie ne change pas avec cette ascension. Une grande fortune rouennaise est pudique. On a, en ville, un vieil hôtel à la façade de pierre grise; quelquefois un petit château dans le village d'où sortit la famille au XVIIIe siècle, mais peu de domestiques, peu de luxe...

En d'autres villes on montre avec fierté la voiture neuve, six cylindres, freins avant. Ici on est heureux de vous faire admirer la vieille Delaunay-Belleville "que mon père a achetée, il y a douze ans." Le capot court, la caisse haute sont peut-être un peu ridicules, mais ses cuivres et ses vernis ont été entretenus avec tant d'amour que leur éclat devient émouvant... Et surtout "on n'a pas changé."

Extraits de *Rouen*.

IV

Une tempête à bord d'un yacht

Vers le soir nous rencontrâmes une zone de calme plat avec une mer assez grosse. Des petites vagues vicieuses, dont le sommet se brisait en écume, venaient claquer l'étrave de l'*Allen* sur un rythme rapide et irrégulier. Puis une brise se leva qui fraîchit rapidement et une grande barre de nuages noirs comme de l'encre se forma très bas sur l'horizon. Bientôt le vent devint très fort et l'*Allen* donna de la bande. Il faisait une chaleur de chaudière. Nous avions déjà vu des grains sérieux, mais nous comprîmes tout de suite qu'ils n'avaient été que jeux d'enfant auprès de celui-ci. Le ciel n'était plus maintenant qu'une chevauchée de nuages noirs, poussés à grande allure par le vent. D'immenses vagues déferlaient à bord. A chacune d'elles le pont était sous l'eau. Le cotre couché plongeait dans la mer. En amenant toute la voilure et en amarrant la barre, nous obtînmes un peu de répit, mais nous devions nous cramponner au mât pour ne pas être emportés. Dressée dans le vent, les cheveux soulevés, ses calmes sourcils immobiles, l'air heureux, Anne était admirable : une déesse marine. Vers minuit, comme il était évident que nous ne pouvions rien faire, et que les vagues grandissaient encore, elle dit : "Allons nous étendre." Bien que les capots de claires-voies fussent attachés, en bas tout était rempli

d'eau. Mais nous étions si fatigués qu'après avoir
pompé de notre mieux nous nous endormîmes l'un
et l'autre.

Au bout de quelques heures un bruit étrange, des
coups violents frappés contre la coque de l'*Allen*, me
réveillèrent. Faisait-il jour? Nuit? On ne voyait rien.
Le bateau s'inclinait comme la pente d'un toit. Il était
impossible de rester debout. En rampant, je montai
sur le pont. Les nuages étaient si bas et si épais que,
bien qu'il fît jour, on ne voyait pas à trente mètres.
Les vagues étaient d'une hauteur terrifiante. Notre
beaupré était cassé; c'était lui qui cognait au flanc
du bateau. Que n'avais-je écouté les conseils d'Anne,
quand elle m'avait demandé de m'en passer! Le pan-
neau de la soute aux voiles avait été arraché. L'*Allen*
n'était plus qu'une épave. J'appelai Anne; j'avais
besoin de son aide pour couper ce mât qui risquait
de défoncer notre coque. "Je crois que nous sommes
perdus!" lui dis-je. Elle respira avec force le vent salé
et sourit.

Après une heure de travail pendant laquelle je ris-
quai vingt fois d'être emporté, je parvins à couper le
mât. C'était un danger de moins. Une pluie chaude,
aveuglante, nous frappait au visage. Nous descen-
dîmes à nouveau dans la cabine. Nos costumes avaient
été complètement déchirés au cours de cette terrible
manœuvre, mais quand Anne voulut en changer, elle
trouva toutes nos caisses inondées. Chose plus grave:
les instruments étaient bouleversés, mon chronomètre
demeurait introuvable, la montre d'Anne était brisée.
Le Findlay et les cartes n'étaient plus qu'une bouillie
de papier. Si nous échappions à la tempête, nous

étions désormais incapables de naviguer autrement qu'à l'estime. D'ailleurs comment naviguer? Nous étions démâtés et nos voiles en lambeaux. Heureusement au milieu de ces pensées assez sombres, encore une fois le sommeil nous enveloppa.

Extrait du *Voyage au pays des Articoles.*

V

Strasbourg

La diligence de Francfort s'arrêta devant l'auberge de l'Esprit; un étudiant allemand déposa ses bagages, étonna l'hôte en refusant de déjeuner et partit comme un fou vers la cathédrale. Les gardiens de la tour qui le virent monter se regardèrent, un peu inquiets.

Les toits en capuchon assiégeaient de leurs vagues les lignes sèches et pures du château des Rohan. Au soleil de midi brillait la plaine d'Alsace, piquée de villages, de forêts, de vignes. A cette même heure, dans chacun de ces villages, rêvaient des jeunes filles, des jeunes femmes. Regardant cette toile vierge sur laquelle ses désirs esquissaient tant de bonheurs possibles et différents, il goûta le plaisir de l'attente de l'amour, attente douce, indéfinie.

Il revint souvent. La plateforme surplombait les parties voisines de l'édifice de sorte qu'il pouvait se croire en plein ciel.

Au début, il éprouvait une sensation de vertige. De longues maladies d'enfance il gardait une sensibilité morbide qui lui faisait craindre le vide, les bruits, l'obscurité. Il voulait se guérir de ces faiblesses.

Lentement, la grande plaine, table sans inscription pour le cœur, s'était ornée de noms et de souvenirs. Maintenant, il découvrait d'un coup d'œil Saverne où l'avait emmené Weyland, Drusenheim d'où part le sentier qui, à travers de belles prairies, conduit jusqu'à

Sesenheim. Là, dans un presbytère paysan, entouré de jardins, couvert de jasmin, vivait la charmante Frédérique Brion.

A l'horizon, derrière les collines, derrière les tours des châteaux, des nuages sombres s'amoncelaient. La pensée de l'étudiant s'attachait aux petites formes humaines et mouvantes qui, à trois cents pieds plus bas, s'agitaient dans les rues étroites. Qu'il aurait aimé s'introduire dans ces vies, étrangères en apparence les unes aux autres, et pourtant réunies par tant de liens mystérieux, soulever les toits des maisons, devenir l'invisible témoin de ces actes cachés et surprenants qui, seuls, permettent de comprendre les hommes. La veille, au théâtre des Marionnettes, il avait vu représenter la légende du Docteur Faust. En regardant au-dessus de lui les nuages courir le long du clocher, il eut l'impression que celui-ci s'envolait soudain et l'emportait. "Et moi? Si le Diable m'offrait la puissance, les trésors, les femmes, en échange du pacte de Faust... Signerais-je?" Ayant fait sans restriction un bref examen de conscience: "Je ne signerais pas pour la possession du monde, se dit-il, mais je signerais pour la connaissance... Trop de curiosité, mon ami."

Comme la pluie commençait à tomber, il reprit l'étroit escalier tournant: "Écrire un Faust?... Il y en a beaucoup... Mais Spiess, le pieux Widmann, tout cela est bien médiocre. Leur Faust est un fripon vulgaire que sa bassesse fait damner... Le démon est volé; il l'aurait eu de toute façon... Le mien?... Le mien aurait plus de grandeur; ce serait une sorte de Prométhée... Vaincu par les Dieux, oui, peut-être, mais au moins pour avoir tenté de leur arracher leur secret."

En bas, dans la cathédrale, les vitraux versaient une lumière sombre et veloutée. Quelques femmes agenouillées priaient dans l'ombre. Les orgues murmuraient vaguement, comme effleurées par une main douce. Gœthe regarda les voûtes. Devant un bel arbre, il éprouvait souvent l'impression de se confondre avec la plante, de pénétrer ce plan parfait. Sa pensée montait comme une sève, se divisait aux branches, s'épanouissait en feuilles, en fleurs, en fruits. Les grands arcs convergents de la nef évoquèrent le même ordre touffu et magnifique.

"Comme dans les œuvres de la nature, tout ici a sa raison d'être, tout est proportionné à l'ensemble... On voudrait écrire des livres qui fussent comme des cathédrales... Ah! si tu pouvais exprimer ce que tu éprouves! Si tu pouvais fixer sur le papier cette chaleur qui court en toi..."

Dès qu'il se retirait ainsi en lui-même, il y trouvait tout un monde. Il venait de découvrir Shakespeare; il l'admirait en homme qui mesure un rival. Pourquoi ne serait-il pas le Shakespeare allemand? Il en avait la force; il le sentait. Mais cette force, comment l'emprisonner? Quelle forme imposer à cette vivante? Qu'il aurait voulu la voir son émotion, enfin captive, immuable comme ces fortes voûtes. Peut-être jadis l'architecte avait-il, lui aussi, douté, désespéré, devant les cathédrales de rêve qui précédèrent la cathédrale.

Un sujet? Il n'en manquait pas. L'histoire du Chevalier Götz de Berlichingen... Ce Faust... Des idylles germaniques et paysannes, dans le ton de

Théocrite, mais très modernes. Peut-être un Mahomet... Peut-être un Prométhée. Tout sujet qui lui
permettrait de porter un défi au monde lui serait bon?
Copier des héros d'après lui-même, dans des dimen-
sions colossales, puis les animer du souffle de son
esprit, cette tâche titanesque ne l'effrayait pas... Peut-
être un César... Sa vie d'homme ne suffirait pas à
exécuter tant de projets. "Nature d'oiseau vainement
agité," lui avait dit son maître Herder. Mais pour
remplir ces cadres admirables et vides, il fallait des
images, des sentiments, il fallait vivre, vivre mille
existences. Il se répéta plusieurs fois "Ne vouloir être
rien, vouloir devenir tout."

Extrait de *Méïpe ou Les Mondes Imaginaires.*

VI

Disraëli

Le fils aîné d'Isaac d'Israëli fut nommé, comme son grand-père, Benjamin. Avant lui était née une fille, Sarah. La plus grande intimité régna dès l'enfance entre le frère et la sœur. Le rôle de père de Mr d'Israëli se bornait à tirer de temps à autre, avec une maladresse d'homme de bibliothèque, l'oreille de son fils. Mrs d'Israëli, personne naturellement étonnée et confuse, écoutait avec une respectueuse terreur les propos, pour elle inintelligibles, de ses précoces enfants et essayait avec succès de faire boucler leurs cheveux. Ils l'adoraient et ne lui disaient rien de ce qui leur tenait vraiment à cœur. Ils avaient beaucoup d'admiration pour leur père qu'ils croyaient un très grand écrivain et dont ils aimaient le charmant visage, mais ils avaient compris qu'il était inutile d'attendre de lui qu'il s'occupât d'eux. Ils le voyaient apparaître à l'heure des repas, calotte de velours sur les cheveux gris, distrait, silencieux. Ils savaient que son seul désir était de retourner à ses livres. Quand on le retenait, quand on le dérangeait, il était d'une grande politesse, et on le sentait exaspéré. Quand il parlait avec ses enfants, ce n'était pas de la vie quotidienne, mais de ses travaux, de ses recherches. Il était en train d'écrire une Vie de Charles Stuart ; il aimait à leur expliquer

que, loin d'avoir été un tyran, le beau roi cavalier
était un martyr. La dévotion aux Stuart et la haine
des puritains étaient la seule religion de la maison.

Un de ses amis, l'historien Sharon Turner, lui fit
pourtant observer que les enfants auraient intérêt à
suivre la religion de la majorité des Anglais. Pour des
fils surtout, faute du baptême, beaucoup de carrières
seraient fermées, puisque les Juifs, comme d'ailleurs les
catholiques, étaient privés des droits civils. Mr d'Israëli avait beaucoup d'estime pour ce Turner, qui
avait le premier exploré les manuscrits anglo-saxons
du British Museum. D'ailleurs la belle et sèche grand-
mère, fidèle à ses rancunes de jeunesse, le pressait
d'affranchir ses petits-enfants d'une alliance dont elle
avait tant souffert. Isaac d'Israëli se laissa convaincre.
Catéchismes et livres de prières firent leur apparition dans la maison et, l'un après l'autre, les enfants
furent menés à l'église de Saint Andrew où ils furent
baptisés.

Benjamin avait alors treize ans. Il était souhaitable
de faire coïncider pour lui le changement de religion
avec un changement d'école. Où l'envoyer? Son père
pensait à Eton; sa mère craignait qu'il n'y fût malheureux. Il était certain que l'accueil d'Eton au jeune
Juif si fraîchement converti ne serait pas très rassurant.
Ben était prêt à tenter la chance, mais la prudence
l'emporta dans les conseils paternels. Il se trouva que
Mr d'Israëli rencontrait souvent chez les bouquinistes
un Révérend Cogan qui achetait des éditions rares et
passait pour être le seul pasteur non-conformiste qui
sût le grec. Un homme qui lisait tant ne pouvait être
que parfait; il fut décidé que Ben lui serait confié.

L'école du Docteur Cogan était une vieille maison couverte de lierre. Autour des salles de classe nues qu'entouraient des bancs de chêne, de grands tableaux proclamaient: "Je suis la Voie, la Vérité, la Vie." Soixante-dix élèves, foule curieuse et critique, se pressèrent autour du nouveau. Il était agressivement bien habillé. Son costume trop soigné, son teint mat et olivâtre, son visage joli mais étranger, étonnaient. Ses nouveaux camarades le regardèrent avec un intérêt un peu moqueur. Il les dévisagea avec hardiesse et rendit regard pour regard. Il était décidé à faire front de tous côtés et à répondre, s'il le fallait, au mépris par l'insolence. "Ce n'est rien, se répétait-il quand l'émotion montait trop fort, rien que des garçons semblables à moi et qu'il me faut dominer."

Les premières classes firent voir les qualités et les défauts de son éducation. L'école était très forte en latin et en grec, beaucoup plus forte que Ben. Mais dès qu'il s'agit d'inventer, d'écrire, plusieurs enfants découvrirent qu'il leur ouvrait un monde nouveau de sentiments et de pensées. On répétait ses mots, ses phrases. Ses camarades copiaient ses vers pour les montrer à leurs sœurs, à leurs cousines. Une sorte de coterie moderniste se formait autour de lui. Bien qu'il détestât les mouvements violents, l'ambition l'emportait sur le tempérament et il s'entraînait avec méthode à réussir dans les jeux du corps. Sa popularité était grande, et il avait pris rapidement une place de chef qui l'enivrait. Quand il se promenait seul, il aimait maintenant à s'imaginer Premier Ministre ou Commandant d'Armée. Cela devait être délicieux.

Pour affermir son pouvoir, il organisa, contrairement aux règlements de l'école, des représentations théâtrales. Il adorait le théâtre. Quand ses parents l'y avaient emmené pour la première fois, quand il avait entendu ces discours bien faits, vu ces aventures surprenantes, il avait été ravi. Enfin il trouvait un monde composé d'êtres selon son cœur, d'êtres qui faisaient de grandes choses et parlaient comme les héros de ses rêves... Une troupe fut formée. D'Israëli fut directeur, régisseur, principal acteur. Les semaines passaient ; il jouissait de cette vie nouvelle, de sa puissance ; il était parfaitement heureux.

Il l'était tellement qu'il ne vit pas se former un orage. Le succès lui donnait des joies qu'il croyait, naïvement, partagées. Il laissait trop voir son dédain de toute lenteur d'esprit. Malgré l'eau baptismale il sentait le fagot. Les plus violents de ses ennemis étaient les moniteurs de l'école qui, jusqu'à l'arrivée de ce garçon aux boucles noires, avaient régné sans partage. Son pouvoir occulte, fondé sur le plaisir, et qui grandissait à côté du leur, les irritait. Ils dénoncèrent au Révérend Cogan le directeur de la troupe théâtrale et les répétitions clandestines.

Le Révérend Cogan, indigné, vint en classe faire un discours sur ces mœurs nouvelles et scandaleuses : "Jamais, dit-il, dans cette famille que nous constituons ici, je n'ai rien vu de semblable. Sans doute est-ce un esprit étranger, séditieux, incapable d'acquérir l'esprit de cette école, qui a conçu de tels plans." L'opposition s'accrocha joyeusement à cette phrase. A la récréation qui suivit, un groupe ricana en passant à côté du petit d'Israëli. Quelqu'un siffla. Il se retourna et dit avec calme : "Qui a sifflé ?" Le plus grand des moniteurs s'avança et dit: "Nous en avons assez d'être menés par un étranger." D'Israëli lui envoya un coup de poing en pleine figure. Un cercle se forma autour des boxeurs. D'Israëli était plus petit, moins fort, mais rapide, très mobile sur ses jambes. Il combattait avec beaucoup de science, avec un courage farouche. Bientôt l'autre fut en sang. L'école, atterrée, regardait son chef légal qui commençait à perdre conscience. Enfin il s'écroula. Un silence de stupeur accueillit cette chute d'un régime.

Peut-être les élèves du Révérend Cogan auraient-ils été moins surpris s'ils avaient su que depuis trois ans le vainqueur prenait secrètement des leçons de boxe.

M.P.

Le Roi Guillaume IV mourut comme un vieux lion, le soir anniversaire de Waterloo. Une petite Reine de dix-huit ans lui succédait. Le matin à onze heures Victoria réunit son premier Conseil. Disraëli accompagna au Palais Lord Lyndhurst qui allait rendre hommage à sa souveraine. En revenant, Lyndhurst très ému, décrivit à Disraëli cette assemblée de tout ce que l'Angleterre comptait de plus illustre, cette mer de plumes blanches, d'étoiles, d'uniformes, les portes soudain ouvertes, un silence profond comme celui d'une forêt, la jeune fille montant vers son trône au milieu de cette foule de prélats, de généraux, d'hommes d'État. Le récit enchanta Disraëli. Il y trouvait réuni tout ce qu'il aimait: la pompe des cérémonies, un sérieux étincelant, le chevaleresque hommage à une femme de toute la force anglaise.

Qu'il eût aimé, lui aussi, à s'agenouiller devant la Reine et à baiser cette main si jeune. Mais il n'était rien et les années passaient.

L'arrivée au pouvoir d'une nouvelle souveraine entraînait la dissolution du Parlement et des élections générales. Cette fois Disraëli, bien soutenu par Lyndhurst, reçut de nombreuses offres de circonscriptions sûres. Entre autres Wyndham Lewis, le mari de la petite femme flirt et bavarde qu'il avait vue jadis chez Bulwer, lui demanda s'il voulait devenir son collègue à Maidstone, circonscription à deux sièges où les conservateurs devaient être vainqueurs. C'était à Mrs Wyndham qu'il devait l'offre. Il l'avait longtemps jugée très ennuyeuse. Un jour, chez les Rothschild, la maîtresse de maison lui ayant dit: "Mr Disraëli, voulez-vous conduire à table Mrs Wyndham Lewis?" il avait répondu: "Ah! tout plutôt que cette insupportable femme! Enfin... Allah est grand," et ayant mis, comme il faisait volontiers, les pouces dans les entournures de son gilet, il avait marché au supplice.

Mais après plusieurs rencontres il avait changé d'avis. Elle n'avait ni esprit, ni culture, mais parlait avec bon sens des affaires. Ses jugements sur les hommes politiques n'étaient pas sots. Plus d'une fois il l'avait trouvée de bon conseil. Il avait fini par se laisser inviter assez souvent à dîner dans la grande maison que les Wyndham Lewis possédaient à Londres en face de Hyde Park. Il était évident que Mrs Wyndham s'intéressait à lui. Elle l'admirait et pouvait le servir, mélange que les femmes goûtent dans l'amitié, et il lui faisait une cour demi-sérieuse, demi-comique, qui amusait cette beauté un peu mûre.

Pendant la campagne, elle joua pour lui le rôle de marraine électorale. Disraëli lui écrivit des lettres aimables où il disait son plaisir de voir leurs deux noms réunis sur les affiches. Il avait tout à fait oublié son antipathie première. Personne, et pas même Sarah, ne le louait mieux que cette femme. "Notez ma prophétie, écrivait-elle : Mr Disraëli sera dans très peu d'années un des plus grands hommes de son temps. Son talent, appuyé par des amis comme Lord Lyndhurst et Lord Chandos, avec l'influence de mon mari pour le maintenir au Parlement, assurera son succès. Tout le monde l'appelle mon protégé parlementaire." Sa bonne opinion du candidat était partagée au moins par un homme, qui était le candidat lui-même. "Quand je reviendrai ici comme votre député, disait-il aux électeurs de Maidstone, aucun de vous ne pourra me regarder sans un certain degré de satisfaction, et peut-être même d'orgueil."

Le 27 juillet, on vota. Lewis et Disraëli furent élus. Ainsi ce dernier obtenait presque sans lutte, et en quelques jours, le siège qu'il avait si longtemps souhaité. La vie était étrange. Toujours vaincu à Wycombe, où il se croyait connu et estimé, il était soudain vainqueur à Maidstone qu'une semaine auparavant il n'avait jamais vu. Quel chemin détourné le sort avait pris pour le conduire vers le but. C'était de la sollicitude maternelle d'une petite femme bavarde qu'il tenait son siège. La rencontre de Mrs Wyndham elle-même, il la devait à l'amitié de Bulwer. Cette amitié était sortie de *Vivian Grey*. *Vivian Grey* n'eût jamais été écrit sans l'échec du journal de Murray et les spéculations sud-américaines. Ces spéculations avaient été conçues à la faveur du séjour dans l'étude de Frederick's Place. Il avait été envoyé dans cette étude parce que les persécutions de l'école Cogan avaient montré à son père l'impossibilité d'une éducation d'université. Ainsi, de proche en proche, et remontant jusqu'à l'enfance, il trouvait une chaîne ininterrompue de circonstances où l'événement malheureux était cause d'événements heureux, et ces derniers causes à leur tour de désastres et d'échecs. Qu'il était difficile dans cet ordre parfait, mais caché, de trouver une règle et une loi. Que tout cela était mystérieux. Il en venait à considérer l'existence comme un miracle continu. Pourtant, à travers cette obscure forêt, circulait un brillant fil d'Ariane qui était la volonté de Benjamin Disraëli. Sur les méthodes, sur les conséquences de ses actes il avait pu se tromper; il s'était presque toujours trompé. Mais il n'avait jamais perdu ni la claire vue du but, ni le ferme dessein de l'atteindre. Peut-être cela suffisait-il... Cela suffisait certainement puisqu'il avait le pied à l'étrier. Benjamin Disraëli, M.P..., le beau titre et la belle aventure. Dans quelques mois une assemblée admirative écouterait les périodes parfaites, les phrases musclées, les étonnantes alliances d'adjectifs rares et de substantifs vigoureux. Dans quelques années, le Très Honorable Benjamin Disraëli gouvernerait les colonies ou les finances de ce grand Empire. Plus tard...

MAIDEN SPEECH

En validant les pouvoirs de la Chambre on en était venu à discuter une souscription ouverte par

un Mr Spottiswoode pour fournir aux candidats protestants l'argent nécessaire pour lutter en Irlande
contre les catholiques. Cette souscription avait beaucoup déplu, non seulement aux Irlandais, mais aux
libéraux qui la jugeaient contraire à la liberté des
électeurs. O'Connell venait d'en parler avec véhé-
mence quand Disraëli se leva. C'était Lord Stanley
qui devait répondre au nom des conservateurs, mais
Disraëli était allé lui demander son tour de parole et,
surpris, mais indifférent, Stanley l'avait cédé.

Irlandais et libéraux regardèrent avec curiosité le
nouvel orateur qui se dressait en face d'eux; beaucoup d'entre eux avaient entendu dire que c'était un
charlatan, ancien radical devenu conservateur, faiseur
de romans, orateur pompeux; on savait qu'il avait
eu une querelle violente avec O'Connell et un parti
nombreux d'amis de celui-ci s'était groupé dès que
Disraëli s'était levé. Sur les bancs conservateurs les
gentilshommes campagnards examinaient avec inquiétude ce visage si peu anglais. Les boucles les agaçaient,
et le costume. Disraëli portait un habit vert bouteille,
un gilet blanc couvert de chaînes d'or ("Pourquoi
tant de chaînes, Dizzy, lui avait dit Bulwer, vous vous
entraînez à être Lord-Maire, ou quoi?"), une grande
cravate noire qui soulignait la pâleur de son teint. Il
était très ému. C'était un moment grave et il jouait
une grande partie. Il lui fallait montrer aux libéraux
quel homme ils avaient perdu en lui, aux conservateurs qu'un futur chef était parmi eux, à O'Connell
que le jour de l'expiation était venu. Il avait quelques
raisons de confiance; son discours, fortement préparé,
contenait plusieurs phrases d'un effet sûr et la tradi-

tion du Parlement était que ces discours de débutant fussent accueillis avec bienveillance.

La voix, un peu forcée, étonna et déplut. Disraëli essayait de prouver que les Irlandais, et en particulier O'Connell, avaient eux-mêmes profité de souscriptions toutes semblables. "Cette mendicité majestueuse..." dit-il. La Chambre avait horreur des grands mots et l'on rit un peu. "Je ne veux pas, continua-t-il, affecter d'être insensible à la difficulté de ma position. (Nouveaux rires.) Je suis sûr de l'indulgence des honorables gentlemen. (Rires et: 'A la question!') Je les assure que, s'ils ne veulent pas m'entendre, je vais me rasseoir sans un murmure." (Applaudissements et rires.) Après une minute de calme relatif, de nouveau une association de mots un peu étonnante souleva l'orage. Du groupe irlandais partirent des sifflets, des roulements de pieds et des imitations d'animaux. Disraëli garda son calme. "Je voudrais vraiment décider la Chambre à me donner cinq minutes de plus. (Rire général.) Je suis ici ce soir, Sir, non pas formellement mais en quelque sorte virtuellement le représentant d'un grand nombre de membres du Parlement. (Fou rire.) Pourquoi sourire? (Rires.) Pourquoi m'envier?" (Rire bruyant et général.)

A partir de ce moment le vacarme devint tel qu'on n'entendit plus que quelques phrases. "Sir, au moment où la cloche de notre cathédrale annonçait la mort du monarque... ('Oh! Oh!' et rires nombreux.) Nous lisons alors, Sir... (Grognements et cris de: 'Oh!') Si les honorables membres croient juste de m'interrompre, je me soumettrai. (Fou rire.) Tout ce que je peux dire c'est que je ne me conduirais ainsi envers per-

sonne. (Rires.) Mais je veux simplement demander...
(Rires.) Rien n'est si facile que de rire. (Fou rire.)
Quand nous nous souvenons de l'églogue amoureuse
(Fou rire), de l'ancien et du nouvel amour qui prit
place entre le noble Lord, le Tityre du banc des
Ministres... (Fou rire.) Quand nous nous rappelons
en même temps que, entre l'Irlande émancipée et
l'Angleterre en esclavage, le noble Lord, tranquille-
ment installé sur le piédestal du pouvoir, peut tenir
dans une main les clefs de Saint-Pierre et agiter de
l'autre..." (Ici l'honorable membre fut interrompu par
des rires si vifs et si incessants qu'il fut impossible de
savoir comment se terminait la phrase.)

Quand les rires se turent il reprit: "Nous voyons ici,
Mr Speaker, les préjugés philosophiques des hommes.
(Rires et applaudissements.) Je respecte les applaudissements, même quand ils viennent d'adversaires.
(Rires.) Je crois, Sir... (Cris nombreux: 'A la question!') Je ne suis pas du tout surpris, Sir, de la
réception que j'ai reçue... (Rires.) J'ai recommencé
plusieurs fois beaucoup de choses (Rires), et j'ai souvent fini par réussir ('A la question!') bien que
beaucoup m'aient prédit que j'échouerais, comme eux
l'avaient fait avant moi." ("A la question!") Alors,
d'une voix formidable, regardant les interrupteurs avec
indignation, levant ses mains et ouvrant une bouche
énorme, il cria d'une voix presque terrifiante et qui
domina soudain le tumulte: "Je vais maintenant m'asseoir, mais le temps viendra où vous m'entendrez!"

Il se tut. Ses adversaires riaient encore; ses amis
le regardaient, attristés et surpris. Pendant tout son
supplice, un homme l'avait soutenu avec beaucoup de

fermeté, c'était le Très Honorable Baronet, Sir Robert Peel. Sir Robert n'avait pas l'habitude d'approuver bruyamment les orateurs de son parti; il les écoutait dans un silence presque hostile. Mais en cette occasion il se retourna plusieurs fois vers le jeune orateur en disant: "Hear! Hear!" d'une voix forte. Quand il se retournait vers la salle il ne pouvait s'empêcher de sourire un peu.

Lord Stanley s'était levé et, méprisant, sans dire un seul mot de l'incroyable accueil dont venait de souffrir un de ses collègues, avait repris la question sérieusement. On l'écoutait avec respect. Disraëli, silencieux et sombre, appuyait sa tête sur sa main. Encore une fois c'était l'échec, c'était l'enfer. Jamais, depuis qu'il suivait les débats des Communes, il n'avait vu scène aussi déshonorante. La vie de l'école Cogan allait-elle recommencer au Parlement? Lui faudrait-il ici encore lutter, haïr, alors qu'il aurait tant voulu aimer et être aimé? Pourquoi tout était-il plus difficile pour lui que pour les autres? Mais pourquoi avait-il, dans son premier discours, bravé O'Connell et sa bande? Maintenant il serait dur de remonter le courant. Serait-ce même possible? Il avait perdu tout crédit auprès de cette assemblée. Il pensait avec amertume à l'idée qu'il s'était faite de ce début. Il avait imaginé une Chambre conquise par ses phrases, charmée par ses images, ravie par ses sarcasmes; des applaudissements prolongés; le succès immédiat et profond... Et ces rires insultants... La défaite... Ah! se réfugier sous les arbres de Bradenham...

Un vote le força à se lever. Il n'avait pas entendu le débat. L'excellent Lord Chandos vint à lui et le

félicita. Il répondit qu'il n'y avait pas là matière à
félicitations, et murmura: "C'est un échec... — Mais
pas du tout, dit Chandos, vous avez tout à fait tort.
Je viens de voir Peel et je lui ai demandé: 'Maintenant dites-moi exactement ce que vous pensez de
Disraëli?' Il m'a répondu: 'Quelques-uns de mes
amis sont désappointés et parlent d'échec. Je dis
juste le contraire. Il a fait tout ce qu'il pouvait en
de telles circonstances. Je dis, moi, que c'est tout,
sauf un échec ; il faut qu'il s'ouvre son chemin.'"

Dans le couloir l'Attorney Général libéral l'arrêta
et, avec cordialité: "Maintenant, Monsieur Disraëli,
demanda-t-il, pouvez-vous me dire comment finissait
cette phrase dans votre discours, nous voudrions savoir: 'Dans une main les clefs de Saint-Pierre et
dans l'autre...?' — Dans l'autre le bonnet de la liberté, Sir John." L'autre sourit et dit: "Un excellent
tableau. — Oui, répliqua Disraëli avec un peu d'amertume, mais vos amis ne me permettent pas d'achever
mes tableaux.

— Mais je vous assure, dit l'Attorney Général, que
nous avions le plus vif désir de vous entendre. C'était
un petit groupe à la barre sur lequel nous n'avions
aucun contrôle, mais vous n'avez rien à craindre."

Eh quoi? Sur d'autres, l'impression de chute sans
remède n'était donc pas aussi vive que sur lui-même?
Comme beaucoup de nerveux, Disraëli reprenait confiance aussi vite qu'il se décourageait. Déjà le désespoir se levait. Le lendemain, en écrivant à Sarah, il
limita l'étendue du désastre: "Comme je veux vous
donner une idée exacte de ce qui est arrivé, je vous
dis tout de suite que mon début a été un échec, en

ceci que je n'ai pu réussir à dire ce que je voulais, mais l'échec n'a pas été causé par mon effondrement, ou par mon impuissance, mais par la simple force physique de mes adversaires. Je ne puis vous donner aucune idée du point auquel ils ont été aigres, factieux, injustes. J'ai combattu tout le temps avec un courage indompté et une bonne humeur immuable, plaçant de bons coups çà et là quand se faisait un silence et terminant quand j'ai jugé qu'il n'y avait rien à faire..." Il signait: "Votre D. très bien disposé."

Le même jour Bulwer, entrant à l'Atheneum, vit le vieux Sheil, l'illustre député irlandais, et le lieutenant d'O'Connell, entouré d'un groupe de jeunes radicaux qui se réjouissaient de l'incident Disraëli. Bulwer s'approcha et resta silencieux. Tout d'un coup Sheil jeta son journal et dit de sa voix perçante: "Gentlemen, j'ai entendu tout ce que vous avez à dire; ce qui est plus, j'ai entendu ce discours de Mr Disraëli et je vous dis ceci: si jamais le souffle de l'éloquence a été dans un homme, c'est dans cet homme. Rien ne peut l'empêcher de devenir un des premiers orateurs de la Chambre des Communes. Parfaitement. Je connais un peu cette Chambre, je crois, et je vais vous dire autre chose: Sans ces interruptions, Mr Disraëli aurait pu échouer. Mais l'incident d'hier n'est pas un échec, c'est un écrasement. *Mon* début a été jadis un échec parce que j'avais été écouté; mais j'avais été traité avec dédain, lui a été hué avec méchanceté... Un début doit être terne; la Chambre ne permet pas à un homme d'être un homme d'esprit et un orateur, avant qu'on ne lui ait laissé le plaisir de le découvrir elle-même."

Ce petit discours, venant d'un adversaire, étonna. Les jeunes gens se dispersèrent, un peu confus. Bulwer, se rapprochant, dit à Sheil: "Disraëli dîne avec moi ce soir. Aimeriez-vous à le rencontrer?" — "Malgré ma goutte, dit Sheil, je meurs d'envie de le voir. J'ai hâte de lui dire ce que je pense." Au dîner Sheil fut charmant; il prit Disraëli à part et lui expliqua que cette réception bruyante avait été une grande chance pour lui. "Car, dit-il, si on vous avait écouté, quel aurait été le résultat? Vous auriez fait le meilleur discours de votre vie; il aurait été reçu froidement et vous auriez désespéré de vous-même. Au contraire, vous avez montré à la Chambre que vous avez une belle voix, une parfaite facilité de parole, du courage, du caractère et de la vivacité. Maintenant, pendant une session, il faut vous débarrasser de votre génie. Parlez souvent, car il ne faut pas que vous paraissiez effrayé, mais parlez brièvement. Soyez très calme; tâchez d'être ennuyeux; raisonnez mal, car si vous raisonnez avec précision, ils penseront que vous essayez d'être spirituel. Étonnez-les en parlant de sujets de détail. Citez des chiffres, des dates. Au bout de peu de temps, la Chambre soupirera après l'esprit et l'éloquence qu'au fond tous savent que vous possédez; ils vous encourageront à vous en servir. Alors vous aurez l'oreille de cette Chambre et vous deviendrez un de ses favoris."

Ce discours si intelligent et qui marquait une si profonde connaissance des Anglais illumina l'avenir pour Disraëli. Personne n'était plus capable que lui de comprendre un tel conseil et de le suivre. Il aimait à se façonner lui-même comme une œuvre d'art. Il

était toujours prêt à retoucher l'image. Une fois de
plus il avait commis l'erreur que lui avait tant repro-
chée son père, être pressé, vouloir être célèbre d'un
coup. Mais il saurait avancer lentement.

Huit jours plus tard il se leva au milieu d'une dis-
cussion sur les droits d'auteur. Presque tout le monde
était disposé à l'accueillir favorablement. Tories et
libéraux, tous pensaient que cet homme avait reçu
un injuste traitement. Cela leur était désagréable. Ils
étaient chasseurs ; ils aimaient que l'orateur, comme
le gibier, eût sa chance. De cette séance brutale, il
leur restait une honte. Ils étaient disposés à soutenir
ce jeune homme bizarre, s'il osait faire une autre
tentative. On supporterait même ses phrases trop
brillantes et ses images insolites. Mais, à la surprise
générale, il ne dit rien que de banal, d'évident, sur un
sujet qu'il connaissait bien, et s'assit au milieu de l'ap-
probation générale. L'auteur du projet répliqua qu'il
tiendrait grand compte des excellentes observations
de l'Honorable Membre pour Maidstone, lui-même
un des plus remarquables ornements de la littérature
moderne. Sir Robert Peel approuva fortement : "Hear !
Hear !" et beaucoup de membres félicitèrent Disraëli.
Un vieux colonel tory vint à lui et lui dit, après un
grognement aimable : "Allons, vous voici de nouveau
en selle ; vous pouvez galoper maintenant." Il écrivit
à Sarah : "La prochaine fois, je m'assiérai au milieu
de vifs applaudissements."

Loin de le desservir, ce triste début lui avait donné
le prestige de la victime. En trois semaines il avait
acquis de cette assemblée si difficile une sorte de
popularité. Il était courageux ; il parlait bien ; il

semblait connaître avec exactitude les sujets qu'il traitait. "Pourquoi pas?" pensaient les gentlemen anglais.

LE CHÊNE ET LE ROSEAU

Disraëli avait coutume de dire qu'après la publication d'un livre son esprit faisait toujours un bond. Le roman était pour lui une méthode d'analyse, un essai d'attitude, et comme la "répétition" d'une politique. "La poésie est la soupape de sûreté de mon esprit, mais je désire faire ce que j'ai imaginé." Ayant exprimé, par *Coningsby* et *Sybil*, le côté idéal de sa politique, il revint à l'action avec plaisir. Malheureusement, la Jeune Angleterre était un sentiment, non un programme et jamais les gentlemen hauts en couleur et bien en chair qui siégeaient autour de lui n'auraient pu être amenés à prendre au sérieux toute la doctrine. Il fallait maintenant faire le point et naviguer dans le réel. Où en était l'Angleterre politique?

La Chambre des Communes était plus que jamais dominée par Sir Robert Peel, et Sir Robert Peel désirait en finir avec le gouvernement de parti. Conscient de sa force, il se croyait capable de s'imposer à l'admiration de ses adversaires comme à celle de ses partisans. Certain de sa vertu, il en venait à considérer l'opposition comme un péché. Il était atteint d'ambition à forme morale, la plus grave des maladies politiques, et l'une de celles qui ne pardonnent pas.

Vers ce temps-là, Disraëli répétait volontiers une maxime du cardinal de Retz: "Il n'y a rien dans le monde qui n'ait son moment décisif et le chef-d'œuvre de la bonne conduite est de connaître et de choisir ce moment." Après une attentive analyse de l'atmosphère parlementaire, il pensa que le moment décisif était arrivé. Après de longues et patientes observations, son diagnostic sur Peel était maintenant clair. Comme tous les hommes intelligents qui ne sont pas du tout créateurs, Sir Robert avait une dangereuse sympathie pour les créations des autres. Incapable de former un système, il se jetait sur ceux qu'il rencontrait avec un appétit vorace et les appliquait avec plus de rigueur que n'eussent fait leurs inventeurs. Ainsi, par un curieux détour, la stabilité même de son esprit faisait de lui le plus instable des chefs. Il défendait une politique bien au-delà du moment où il eût été sage de transiger, puis comprenant brusquement les objections de ses adversaires, devenait pour la politique opposée un défenseur intransigeant. C'était ainsi qu'après avoir combattu avec une âpreté presque cruelle Canning, qui voulait émanciper les catholiques, il était devenu, après la mort de Canning, l'émancipateur des catholiques. C'était ainsi que maintenant, élu par des gentilshommes campagnards pour défendre une politique douanière, il se jetait à corps-perdu dans le libre-échangisme. C'était ainsi que toujours, au moment où il était le plus certain de sa bonne foi et de son courage intellectuel, il apparaissait aux autres comme un transfuge. Disraëli aperçut la direction dans laquelle il convenait de pousser l'attaque et engagea celle-ci à fond.

La première escarmouche fut amenée par une riposte de Peel. Disraëli venait de conclure quelques observations en priant le ministre de ne pas y voir acte d'hostilité, mais au contraire de franchise amicale.

3—2

Peel se leva et, avec un mépris tranchant, cita, tourné vers Disraëli, des vers de son illustre prédécesseur Canning :

> Donnez-moi l'ennemi déclaré, le lutteur
> Qui vient tout droit à moi ; je combattrai sans peur.
> Mais de tous les maux, Ciel, qu'engendre ta colère,
> J'en crains un seulement et c'est l'ami sincère.

Citation imprudente de la part d'un homme qui avait joué près de Canning ce rôle précisément de l'ami dangereux, certains disaient perfide. On se regarda ; on épia Disraëli ; il ne répondit pas. Quelques jours plus tard il se leva de nouveau pour protester contre le système qui consistait à faire appel au loyalisme des tories pour leur faire voter des mesures whig "Le Très Honorable Gentleman, dit-il, a surpris les whigs au bain et il a emporté leurs vêtements. Il les a laissés en pleine jouissance de leur position libérale et il est lui-même un strict conservateur, sous leurs habits." Toute la Chambre rit et applaudit. Avec un sérieux impassible, Disraëli continua : "Si le Très Honorable Gentleman peut parfois trouver utile de réprimander un de ses partisans, peut-être le méritons-nous. Pour moi je suis tout prêt à m'incliner sous sa baguette, mais vraiment si le Très Honorable Gentleman, au lieu de recourir au blâme, s'en tenait aux citations, il peut être certain que ce serait l'arme la plus sûre. C'en est une qu'il manie toujours de main de maître et quand il fait appel à une autorité quelconque, en prose ou en vers, il est sûr du succès, d'une part parce qu'il ne cite jamais un passage qui n'ait été, dans le passé, approuvé par le Parlement ; ensuite et surtout parce que ses citations sont si heureuses. Le Très

Honorable Gentleman sait ce que vaut, dans un débat, l'introduction d'un grand nom, combien son effet est important et parfois comme électrique. Il ne fait jamais appel à un auteur qui ne soit grand, qui ne soit aimé, Canning par exemple. Voilà un nom qui ne sera jamais cité, j'en suis sûr, à la Chambre des Communes, sans soulever une émotion. Nous admirons tous son génie. Nous déplorons tous, ou presque tous, sa fin prématurée, et nous sympathisons tous avec lui dans sa lutte avec le préjugé régnant et la sublime médiocrité, avec les ennemis avoués et les amis sincères. Le Très Honorable Gentleman peut être sûr qu'une citation venant d'un tel auteur produira toujours son effet. Quelques vers, par exemple, écrits par M. Canning sur l'amitié, et cités par le Très Honorable Gentleman. Le thème, le poète, l'orateur, quelle heureuse combinaison ! (Longues et bruyantes acclamations.) Son effet, dans un débat, doit être accablant, et je suis certain que, si elle m'était adressée, tout ce qu'il me resterait à faire serait de féliciter publiquement le Très Honorable Gentleman, non seulement pour son excellente mémoire, mais sur sa courageuse conscience."

Ces phrases envenimées et légères avaient été lancées avec un art prodigieux. D'abord une feinte humilité, une voix basse et monotone, une préparation lente. Soudain le "Canning par exemple...," donnant à tous ses auditeurs le plaisir de prévoir l'attaque, celle-ci arrivant d'autant plus irrésistible qu'elle était masquée par la perfection de la forme et par la douceur insinuante de la voix. L'effet fut prodigieux, l'enthousiasme si vif qu'un ministre qui s'était levé pour répondre dut rester longtemps silencieux. Peel, tête basse, très pâle, respirait difficilement. Seul Disraëli restait indifférent, comme si les passions humaines n'avaient sur lui aucun pouvoir. "La scène vous aurait fait pleurer de plaisir," écrivit Smythe à Mary-Ann. A Bradenham, le vieux père aveugle, assis près de Sarah, répétait: "Le thème, le poète, l'orateur, quelle heureuse combinaison!"

Peel sentit passer la tempête. C'était un homme sensible et accoutumé au respect. Il eut grand peine à se contenir. Quoi, la Chambre supportait que le plus grand des parlementaires fût ainsi traité par un insolent? Et quelle injustice... Canning? Mais oui, il avait aimé Canning, les circonstances étaient compliquées, les torts partagés, comme toujours. Il essaya d'expliquer, mais trouva un auditoire hostile. Par un mouvement subtil de l'humeur, il se piqua d'hostilité violente à ces intérêts agricoles qui l'avaient mis au pouvoir. Le budget ayant donné un excédent, beaucoup de conservateurs demandaient que ce surplus servît à secourir les fermiers. Peel fit refuser par un de ses ministres, sans même se donner la peine de répondre lui-même. Maintenant la Chambre attendait, avec une impatience à la fois anxieuse et agréable, que Disraëli prît la parole; c'était un spectacle douloureux que de voir pâlir et frémir le noble visage de Sir Robert, mais c'était pourtant un spectacle souhaité. Ainsi quand un bel animal de combat entre dans l'arène, le poil brillant de force et de santé, le public déjà souffre et jouit des banderilles qui le rendront furieux.

Cette fois Disraëli s'adressa à ses amis protectionnistes et les gourmanda ironiquement. Pourquoi ces plaintes déraisonnables sur la conduite du Premier? "Certes, il y a une différence entre l'attitude du Très Honorable Gentleman comme leader de l'opposition et comme Ministre de la Couronne. Mais cela, c'est l'éternelle histoire. Il ne faut pas trop s'étonner du contraste entre les brèves heures de la conquête et les longues années de possession. Il est trop vrai que le Très Honorable Gentleman a changé. Je me souviens de ce discours sur la protection. C'était le meilleur discours que j'aie entendu. C'était une grande chose que d'écouter le Très Honorable Gentleman dire: 'J'aimerais mieux être le chef des gentlemen anglais que de posséder la confiance des souverains....' C'était une grande chose. Maintenant nous n'entendons plus beaucoup parler des gentlemen anglais. Mais quoi? Ils ont les plaisirs du souvenir, les charmes des réminiscences. Ils ont été son premier amour, et s'il ne s'agenouille plus maintenant devant eux comme dans les heures de passion, ils peuvent se rappeler le passé. Rien n'est plus inutile, plus malheureux, que ces scènes de récriminations et de reproches. Nous savons tous qu'en pareil cas, quand l'objet aimé a cessé de plaire, il est vain de faire appel aux sentiments. Vous savez que ce que je dis est vrai. Tout homme, ou presque, a passé par là. Mes honorables amis se plaignent du Très Honorable Gentleman. Le Très Honorable Gentleman a fait ce qu'il peut pour les tenir tranquilles. Quelquefois il se réfugie dans un silence arrogant; quelquefois il les traite avec une froideur obstinée. S'ils connaissaient un peu la nature humaine, ils comprendraient et se tairaient. Mais ils refusent de se

taire. Et qu'arrive-t-il? Qu'arrive-t-il toujours en semblables circonstances? Le Très Honorable Gentleman,
obligé à regret d'agir, envoie son valet dire avec beaucoup de grâce: "Nous ne pouvons tolérer ces gémisse-
ments devant notre porte." Tel est exactement, Sir,
le cas de l'Agriculture, cette beauté que tout le monde
a courtisée et qu'un amant vient de trahir."

Il est impossible de donner une idée de l'effet produit. Le ton y ajoutait beaucoup. Tout était dit
d'une voix basse et monotone qui se taisait quand
les applaudissements et les rires devenaient trop forts,
puis reprenait toujours semblable, sans effort apparent,
comme un courant continu d'humour et de blâme qui
tombait goutte à goutte sur la forme massive du Ministre. La Chambre était à la fois ravie et honteuse;
effrayée de la puissance de l'homme qu'elle osait
braver, elle applaudissait sans le regarder. Peel tirait
son chapeau sur les yeux et ne pouvait cacher des
mouvements nerveux et Lord John Russell murmurait:
"Tout cela est vrai," et même le sauvage Ellice riait
et Macaulay semblait heureux.

LA MORT

Le 31 décembre, il revint à Londres. "Je veux voir
beaucoup de gens et m'habituer à la divine voix
humaine. Ce n'est pas une chose facile que de sortir
de la profonde solitude dans laquelle je vis, pour
entrer à la Chambre des Lords et faire un discours
sur un Empire qui s'écroule." Il avait d'autant plus
de mal à parler que l'asthme ne le quittait guère.
Lord Granville, leader libéral, fut surpris de le voir,
lui si patient, réclamer avec une insistance presque

violente un tour de parole. Granville le rabroua même
un peu. Beaconsfield, silencieux, accepta la rebuffade.
Mais, plus tard, Lord Rowton expliqua à Granville
que le vieux malade n'obtenait plus le répit nécessaire
pour parler que par l'emploi d'une drogue dont l'effet
durait une heure seulement. "Il eût été facile d'expliquer," dit Granville confus. Mais Lord Beaconsfield
n'expliquait jamais.

Dès qu'il était un peu mieux, il allait dans le monde.
Quelquefois il y charmait par le tour mélancolique de
ses vieilles épigrammes et par les grâces surannées
de sa politesse. La brièveté de ses phrases devenait
aussi célèbre que l'avait été, dans sa jeunesse, leur
éclat. A une jeune femme qui tendait un bras nu, il
murmurait simplement : "Canova."

D'autres jours il restait silencieux pendant tout un
repas, d'une immobilité si complète de corps et de
visage qu'on eût dit une momie, un Pharaon embaumé
par des mains pieuses et ensevelies au milieu des
objets qu'il a aimés, des cristaux, des plats d'argent,
des fleurs.

Malgré l'échec électoral il conservait son prestige.
Au club conservateur on pouvait voir en place d'honneur son portrait, auquel la monstrueuse fixité du
regard attirait involontairement les yeux de tous.
Sur le cadre était gravé un vers d'Homère : "Lui seul
est sage, les autres sont des ombres fugitives." Il était
sans rancune, au fond, et sans regrets. Visitant l'atelier
de Sir John Millais, il regarda longtemps un croquis
représentant Gladstone. "Est-ce que vous aimeriez
l'avoir ? dit le peintre....Je n'osais pas vous l'offrir.
— Ah! Je serais ravi de l'avoir. Ne vous imaginez

pas que j'aie jamais détesté William Gladstone. Non,
ma seule difficulté avec lui a été que je n'ai jamais pu
le comprendre."

Ce mois de janvier 1881 fut glacial. Le froid plongeait Lord Beaconsfield dans une sorte de stupeur qui
le forçait à rester pendant des jours entiers étendu sur
un sofa. Ces jours-là, un bref rayon de soleil lui était
beaucoup plus précieux que le collier de la Jarretière.
Il ne se réveillait que pour écrire à Lady Bradford et
à Lady Chesterfield. En février et au début de mars,
il put encore sortir un peu, parler aux Lords, dîner
avec le Prince de Galles, avec Harcourt; il guettait le
printemps avec anxiété. Mais le printemps ne venait
pas. Vers la fin de mars il prit froid et dut s'aliter.
Il respirait difficilement. Quand la Reine reçut de
lui des billets péniblement griffonnés au crayon, elle
s'inquiéta et demanda qui le soignait? C'était encore
le docteur Kidd, homéopathe. La Reine suggéra une
consultation, mais les règlements des médecins leur
interdisaient tout contact avec un homéopathe. Enfin
la volonté royale fit fléchir les haines professionnelles.
Le diagnostic fut: bronchite, avec asthme spasmodique.

Au début, les médecins avaient de l'espoir, mais le
malade dit: "Je ne survivrai jamais à cette attaque.
Je sens que c'est tout à fait impossible." Il avait écrit
jadis: "Il faut aller fièrement au-devant de la mort."
Il demanda avec insistance qu'on lui dît s'il était
mourant, ajoutant: "J'aimerais mieux vivre, mais je
n'ai pas peur de mourir." Il assista à son agonie avec
le détachement d'un artiste. Sa patience n'avait jamais été plus grande; tous ceux qui l'approchaient
en étaient charmés. Avec peine, étendu, il corrigea

les épreuves de son dernier discours : "Je ne veux pas passer à la postérité avec la réputation d'un mauvais grammairien." Il conserva jusqu'au bout la haine du confort prosaïque. A une infirmière qui voulait, pour le soutenir, placer derrière son dos un coussin pneumatique : "Enlevez, murmura-t-il, enlevez cet emblême de mortalité."

La Reine suivait avec anxiété la maladie de son vieil ami. Plusieurs fois elle proposa de venir le voir, mais les médecins craignaient que cette visite n'agitât trop le patient. De Windsor, elle télégraphiait tous les jours pour avoir des nouvelles : "Je vous envoie quelques primevères d'Osborne ; je voulais vous faire une petite visite, mais j'ai pensé qu'il valait mieux que vous restiez tranquille et ne parliez pas. Je vous demande d'être sage, d'obéir aux médecins et de ne pas faire d'imprudence." Par ses soins, la chambre fut toujours remplie de primevères et de violettes. Les yeux du malade se posaient avec plaisir sur ces belles masses aux teintes pures. Quand Victoria dut partir pour l'île de Wight, elle envoya un messager avec des fleurs encore, et une lettre. Beaconsfield était trop faible pour lire celle-ci lui-même ; il la tourna dans ses mains avec embarras, et après réflexion, dit : "Cette lettre devrait m'être lue par Lord Barrington, un Conseiller Privé." Il avait toujours aimé que les traditions fussent observées. Le Conseiller Privé fut mandé : "Très cher Lord Beaconsfield, je vous envoie vos fleurs favorites du printemps...." Que ce mélange de solennité et de poésie champêtre convenait bien au chevet de Disraëli mourant.

Au dehors, la foule attendait des nouvelles. Un

gentleman avait offert son sang. On avait peine à croire que l'étrange magicien, devenu si curieusement national, pût disparaître comme un mortel. On attendait l'inattendu, même dans la mort. Des récits bizarres circulaient. On disait qu'il avait fait venir un confesseur jésuite. Mais la vérité était que Lord Beaconsfield "n'était plus mystérieux que comme tout le monde" et qu'il s'enfonçait doucement dans l'engourdissement final. Le 19 avril, vers deux heures du matin, le docteur Kidd comprit que la fin approchait. Lord Rowton était là, tenant la main droite de ce corps immobile. Tout d'un coup le mourant redressa lentement le buste en rejetant les épaules en arrière et ceux qui étaient autour de lui, surpris, reconnurent le mouvement qui lui était familier quand, se levant à la Chambre, il allait prendre la parole. Ses lèvres remuèrent, mais ses amis, penchés sur lui, ne purent entendre un seul mot. Il retomba en arrière et ne sortit plus de son sommeil.

Gladstone, au nom du gouvernement, offrit des funérailles publiques et une tombe dans l'Abbaye de Westminster, mais les exécuteurs testamentaires pensèrent que Lord Beaconsfield eût souhaité reposer à Hughenden, près de sa femme, dans le petit cimetière voisin de l'église. L'enterrement se fit donc très simplement, dans le parc, devant le Prince de Galles et quelques amis. Sur le cercueil, deux couronnes de la Reine. L'une de primevères fraîches, portait l'inscription: "Ses fleurs favorites." Sur l'autre la Reine avait écrit de sa main: "Un témoignage d'affection vraie, d'amitié et de respect."

Elle était à ce moment à Osborne, trop loin pour pouvoir assister à la cérémonie, mais dès son retour, elle tint à se rendre sur la tombe en parcourant à pied, depuis le manoir, le chemin même qu'avait suivi la procession funèbre. Dans l'église elle fit, à ses frais, élever un monument; on y voyait, sous les armes du pair, le profil de marbre de Lord Beaconsfield, au-dessous duquel on lisait:

A

LA CHÈRE ET HONORÉE MÉMOIRE

DE

BENJAMIN, COMTE DE BEACONSFIELD
CE MONUMENT EST DÉDIÉ PAR
SA RECONNAISSANTE SOUVERAINE ET AMIE
VICTORIA R. I.

Les Rois aiment celui qui parle juste.
Psaume xvi. 13.

On discuta beaucoup sur l'inscription royale: "Ses fleurs favorites." Des primevères... la simplicité d'un tel choix gênait des adversaires trop constants. Gladstone, assis à table à côté de Lady Dorothy Nevill, lui dit qu'il doutait beaucoup du goût de Beaconsfield pour ces fleurs: "Dites-moi, Lady Dorothy, sur votre honneur, avez-vous jamais entendu Lord Beaconsfield exprimer une admiration particulière pour les primevères? Le lys glorieux était, je crois, plus à son goût."

Mais l'année suivante, comme approchait le 19 avril, date anniversaire de sa mort, beaucoup de disciples et d'amis demandèrent aux fleuristes de Londres de préparer des "boutonnières Beaconsfield" faites de quelques primevères fraîches. Quand le jour vint, sur les trottoirs du West-End circulèrent des passants fleuris. D'année en année l'usage s'étendit. Une grande ligue conservatrice fut fondée qui prit le nom de Ligue de la Primevère. Dans le petit square du Parlement, chaque printemps, la statue de Disraëli reçut la visite d'innombrables fidèles venus pour l'orner de "sa fleur favorite."

Quelques années après la mort de Disraëli, Lord Eustace Cecil fut accosté, au Carlton Club, par le Docteur Ball. "Vous souvenez-vous, dit Ball, des conversations que nous avions l'habitude d'avoir ici, dans la bibliothèque, au temps où, indignés contre nos leaders, nous les appelions le Juif et le Jockey.... Et maintenant, ce matin même, comme je passais près de Westminster, j'ai vu la statue de Mr Disraëli toute couverte par les fleurs....Eh! oui! Ils l'ont canonisé comme un saint!"

Comme un saint? Non, Disraëli était bien loin d'être un saint. Mais peut-être comme un vieil Esprit du Printemps, toujours vaincu et toujours renaissant, et comme un symbole de ce que peut accomplir, dans un univers hostile et froid, une longue jeunesse de cœur.

Extraits de *Disraëli*.

VII

Madame du Deffand

Il serait très intéressant d'analyser ce qui réunit autour de certaines femmes, plutôt que de toutes les autres, ces colonies d'êtres humains que l'on nomme des salons. Pourquoi le salon banal, aux rubans couleur de feu, de Mme du Deffand est-il entré dans l'histoire de la France? Pourquoi tous les personnages les plus remarquables de son temps se sont-ils réunis autour de cette vieille dame aveugle? Et pourquoi Mme Geoffrin? Pourquoi, plus tard, Mme Récamier? J'entends bien que la beauté et l'esprit peuvent jouer un rôle dans ces choix, mais il est un trait de caractère moins évident qui, si étrange que cela paraisse, contribue plus que tout à de tels succès: c'est une aptitude sans limites à l'ennui. S'il est une chose que les hommes (et les femmes) ne pardonnent jamais, c'est que l'on n'ait pas besoin d'eux. Dès qu'un ennui s'installe et s'avoue, un ennui royal, géant, toujours avide de conversations, d'amusements, de nouvelles, d'anecdotes, alors tous les autres ennuis cristallisent autour de lui. Toute femme qui a le courage de dire: "Je serai chaque soir chez moi" finit, si elle a un peu de persévérance, par réunir des fidèles. Entre elle et ses hôtes quotidiens est formée une secrète alliance contre l'ennui, et la présence toujours menaçante de cet invisible ennemi impose une discipline militaire. Enfin, en toute grande maîtresse de maison, s'il y a un peu de Mme Récamier, il y a, presque nécessairement, un peu de Mme Verdurin. Mme du Deffand en est peut-être l'exemple le plus remarquable.

Si, pour cimenter un groupe mondain, il faut cet égoïsme collectif et tenace que crée la défense contre l'ennui, jamais monde ne fut plus solidement lié que celui qui atteignit la vieillesse vers 1750. Chez cette génération, la courbe du dégoût a atteint son point le plus haut. Entre eux et le précipice de l'ennui n'existe aucun garde-fou. La religion? Presque tous ces personnages ont cessé de croire avant la fin de l'enfance. Mme du Deffand, étant encore au couvent, a prêché l'irréligion à ses compagnes. Sa famille lui a envoyé Massillon lui-même pour la convaincre. Le prélat a écouté la petite exposer ses raisons, puis a dit bonnement: "Elle est charmante," et, comme l'abbesse insistait pour savoir quels livres lui donner, Massillon a répondu: "Donnez-lui un catéchisme de cinq sous," et on n'a pu en tirer autre chose. Elle n'a jamais retrouvé la foi. Ses amies sont comme elle. La maréchale de Luxembourg, ouvrant par hasard une Bible, dit: "Quel ton! Quel effroyable ton!" et c'est un mot qui va fort loin. Il y a dans la religion vraie un ton de sérieux et d'ardeur qui choque ces femmes.

Encore si elles avaient l'ardeur contraire, la fureur antireligieuse qui anime, par exemple, le salon rival de Mlle de Lespinasse, peut-être trouveraient-elles, dans ce qu'on appelle alors "la philosophie," une règle de vie. Mais elles ont horreur des philosophes. De Rousseau comme de la Bible, elles diraient bien volontiers: "Quel ton! Quel effroyable ton!" Quand Voltaire attaque la religion, Mme du Deffand le réprimande, cela est de mauvais goût. Quand d'Alembert devient homme politique, elle le rabroue: "Il y a certains articles qui sont devenus pour lui affaires de parti et sur lesquels je ne lui trouve pas le sens commun." Non, elle n'est ni de la génération des encyclopédistes, ni de celle de Mme de Maintenon; elle est d'une génération intermédiaire, d'une génération qui n'a plus, pour la tenir en ordre et pour l'occuper, le cérémonial de Louis XIV, mais qui n'a pas encore découvert ce qui occupera Rousseau, puis les romantiques: le plaisir des sentiments vifs; d'une génération qui ne connaît qu'une passion, qui est l'horreur de toute passion.

L'amour dans le mariage leur semble ridicule, mais l'amour dans l'amour tout autant. Ces femmes ont eu leur jeunesse au temps de la Régence, temps où les liaisons duraient quinze jours. Cela a été la durée de celle de Mme du Deffand avec le Régent et, quand elle y pense encore, ce qui est rare, elle s'étonne de cette longueur. Elle a été mariée à vingt ans avec M. du Deffand, colonel de dragons, bon militaire; mariage bien assorti, écrit-elle, "sauf les caractères." Dès la première semaine, son mari l'a ennuyée, elle l'a trouvé "aux petits soins pour déplaire" et, tout de suite, elle l'a trompé. Quand elle a accepté du Régent une pension de six mille livres, le mari a jugé les limites dépassées et s'est séparé d'elle à tout jamais. Elle a essayé beaucoup d'amants, mais n'a pu être contente d'aucun. Elle a trouvé tous les hommes affectés, elle leur reproche à tous de manquer de

naturel, et (lâchons le terrible mot) d'être ennuyeux.
Enfin, en désespoir de cause, elle s'est résignée à con-
tracter une liaison de convenance avec le président
Hénault, ancien bel homme, un peu délabré, mais très
cultivé et agréable. Il a de l'esprit, mais n'est pas taillé
en galant ; elle ne l'a jamais aimé, lui non plus.

Vers 1750, quand, ayant obtenu de la reine l'ancien
appartement de Mme de Montespan au couvent de
Saint-Joseph, elle y installe son salon :

— Je me suis mise tout à fait dans la réforme, dit-elle,
j'ai renoncé aux spectacles, je vais à la grand'messe de
ma paroisse. Quant au rouge et au président, je ne
leur ferai pas l'honneur de les quitter.

Elle a raison, une telle liaison est plus une pénitence
qu'une faute.

Donc, ni foi en une religion, ni foi en une doctrine,
ni foi en l'amour. A-t-elle au moins foi en l'amitié,
elle qui semble entourée d'amis ? Ah ! non. Elle a eu
trop de mécomptes. Mlle de Lespinasse, qu'elle a
accueillie chez elle, l'a trahie et lui a enlevé la moitié
de ses fidèles : d'Alembert a suivi la Lespinasse ; la
vieille femme est devenue d'une défiance terrible, elle
est jalouse, elle ne pardonne pas la plus légère offense.
Elle surveille son monde, elle fait guetter les étrangers
de marque au moment de leur entrée à Paris, non
seulement pour qu'ils viennent chez elle, mais pour
qu'ils n'aillent pas chez Mme Geoffrin, ou chez Mlle de
Lespinasse. Nous avions raison de parler tout à l'heure
de "son côté Mme Verdurin."

Depuis 1753, elle est aveugle et peut-être, depuis
ce terrible malheur, lui a-t-on montré un peu plus de

tendresse, mais elle n'y croit pas, elle ne croit à rien.
Son meilleur ami, celui qui va chez elle tous les jours,
pendant cinquante ans, c'est Pont-de-Veyle.

"Il a l'esprit raisonnable, dit-elle de lui, il juge les
hommes tels qu'ils sont; il vit uniquement pour lui et
c'est peut-être ce qui le rend plus sociable."

On connaît le dialogue noté par Grimm.

— Pont-de-Veyle?

— Madame?

— Où êtes-vous?

— Au coin de votre cheminée.

— Couché, les pieds sur les chenets, comme on est
chez des amis?

— Oui, madame.

— Il faut convenir qu'il est peu de liaisons aussi
anciennes que la nôtre.

— C'est vrai, madame.

— Il y a cinquante ans....

— Oui, cinquante ans passés.

— Et dans ce long intervalle, pas un nuage, pas
même l'apparence d'une brouillerie.

— C'est ce que j'ai toujours admiré.

— Mais, Pont-de-Veyle, cela ne viendrait-il pas de
ce qu'au fond nous avons toujours été fort indifférents
l'un à l'autre?

— Cela se pourrait bien, madame.

Plus tard, au lendemain de sa mort, elle dira de lui:

— Il n'était ni tendre, ni affectueux, mais il était
loyal et solide.

C'est le plus grand éloge qu'elle ait fait de quelqu'un. Pour les autres, elle est sans pitié. A personne
mieux qu'à elle ne convient le mot de La Bruyère:

4—2

"Qu'il est difficile d'être content de quelqu'un!" Elle
passe son temps à analyser les variétés de sottises
dont elle est entourée. "Je ne vois que des sots
et des fripons." Quand elle ne les trouve pas tout à
fait sots, il y a encore un biais pour qu'ils le soient
un peu.

— Enfin, Matignon, madame, vous ne direz pas
qu'il n'a pas d'esprit?

— Cela est vrai, mais son père était un sot et on
sent qu'il est le fils d'un sot.

— Et Necker?

— Oui..., mais on se sent bête auprès de lui.

Même Mme de Choiseul, la grand'maman, qu'elle
aime, elle la souhaiterait différente.

"Je l'aimerais bien mieux si, avec toutes ses vertus,
elle avait quelques faiblesses."

On comprend que Voltaire lui écrive:

"La société de Paris a-t-elle d'autres éléments que
la médisance, la plaisanterie et la malignité? Ne s'y
fait-on pas un jeu de déchirer, dans son oisiveté, tous
ceux dont on parle? Y a-t-il une autre ressource contre
l'ennui actif et passif dont votre inutile beau monde
est accablé?"

Voltaire a raison. L'extrême oisiveté et le dérègle-
ment des mœurs conduisent à la médisance par l'ennui,
cela est fatal. Mme du Deffand juge les hommes
d'après son petit groupe de vieilles gens désœuvrés.
Sans doute y avait-il, en son temps comme en tous
les temps, des amis possibles et délicieux, mais la
confiance seule peut créer la confiance. Elle ne peut
souffrir l'affectation, le romanesque, et cela est fort
bien, mais son aversion à cet égard est souvent poussée

trop loin et lui fait prendre pour affectés tous les sentiments qu'elle n'éprouve pas et toutes les pensées qu'elle n'aurait pas eues. Elle passa sa vie, dit-elle, à "arracher des masques"; eh oui! mais elle arrache souvent le visage avec le masque.

Imaginez maintenant ce que peut être, vers 1765, au moment où commence l'étonnante histoire que nous allons conter, une journée de notre héroïne. Le salon de moire bouton d'or, aux nœuds couleur de feu, est vide, silencieux, jusqu'à six heures. A ce moment Mme du Deffand, qui s'est levée à cinq heures de l'après-midi, vient, au bras de son fidèle secrétaire Wiart, s'asseoir au coin de la belle cheminée dont les flammes éclairent la plaque de fonte aux armes de la Montespan. Elle s'installe dans le grand fauteuil qu'elle appelle son tonneau parce qu'elle se veut, comme Diogène, cynique. Les habitués commencent à arriver. Le président est là, de plus en plus délabré; Pont-de-Veyle, toussant; les Beauvau; les Broglie; les Choiseul; la maréchale de Luxembourg qui, après une jeunesse plus que légère, est devenue l'arbitre des bienséances. Quelquefois un Anglais, par exemple l'étonnant George Selwyn, homme d'esprit, mais qui a l'originalité de ne s'intéresser dans la vie qu'aux cadavres et aux exécutions; Selwyn qui a fait le voyage de Londres exprès pour assister au supplice de Damiens et que le bourreau a fait passer au premier rang en criant:

— Faites place pour Monsieur! C'est un Anglais et un amateur.

Selwyn de qui les amis connaissent si bien la manie

que l'un d'eux, très malade et sans doute mourant, dit à son domestique :

— Si M. Selwyn vient, faites-le monter. Si je suis vivant, je serai content de le voir ; et si je suis mort, il sera content de me voir.

Vers neuf heures, on se met à table ; on soupe ; Mme du Deffand fait des mots. Elle en a fait qui sont célèbres. Sur le livre de son ami Montesquieu : " Mais ce n'est pas l'Esprit des Lois : c'est de l'esprit sur les lois ! " Sur les réformes de M. Turgot : " Dans le bon vieux temps on reculait pour mieux sauter ; monsieur Turgot saute pour mieux reculer." Et son mot célèbre au cardinal de Polignac, qui racontait le martyre de saint Denis : " Et l'étonnant, dit le cardinal, c'est que, tenant lui-même sa tête coupée, il alla de Montmartre jusqu'à Saint-Denis ! — Oh ! dans ces situations-là, Monseigneur, il n'y a que le premier pas qui coûte." On parle jusqu'à minuit, une heure ; vers deux heures du matin les derniers hôtes s'en vont. Mme du Deffand est désespérée : " Il est si tôt !" Pont-de-Veyle, Mme de Choiseul ne lui tiendront-ils pas un peu compagnie ? Elle arrive à les garder jusqu'à quatre heures du matin. Après leur départ, elle fait avancer son carrosse ; un tour de Paris ; elle se couche enfin.

"Je passe presque toutes les nuits sans dormir, alors c'est un chaos que ma tête, je ne sais à quelle pensée m'arrêter. J'en ai de toutes sortes, elles se croisent, se contredisent, s'embrouillent. Je voudrais n'être plus au monde et je voudrais, en même temps, jouir du plaisir de n'y plus être. Je passe en revue les gens que je connais et ceux que j'ai connus qui ne sont plus. Je n'en vois aucun sans défauts et, tout de suite, je me crois pire qu'eux."

Enfin, le jour paraît ; jour ou nuit, qu'importe à une aveugle, mais jour veut dire que son lecteur arrive. Ce lecteur est un vieux soldat qu'elle a fait venir des Invalides, mais que lui faire lire ? Elle est aussi difficile en matière de livres que de gens, elle ne trouve rien supportable. *Héloïse* de Rousseau ? Il y a des endroits, mais ils sont noyés dans un océan d'éloquence verbiageuse. Non, elle n'admet que Montaigne, *Athalie*, quelques vers de Voltaire, *Gil Blas*, et encore pour le style seulement. Ah de plus en plus, qu'il est difficile d'être content de quelqu'un! Enfin, vers midi, elle s'endort ; dans quelques heures reviendront les amis, ces amis auxquels elle dirait si volontiers : "Ah! mes amis, il n'y a pas d'amis!" Pauvre Mme du Deffand! Mais nous sommes en 1765 et, sans qu'elle le sache, voici que s'approche de son triste chemin, presque jusqu'à coïncider avec lui, une autre destinée humaine jusqu'alors ignorée d'elle.

Vous connaissez le visage de Sir Robert Walpole, premier ministre anglais au début du XVIIIe siècle, homme vigoureux, sceptique, grand amateur de chasse à courre, qui ouvrait les lettres de son piqueur avant celles de ses ambassadeurs, riait d'un rire bruyant en racontant des histoires salées et tapait en pleine chapelle sur l'épaule de la reine d'Angleterre.

En face de ce portrait aux couleurs vives, au fond de teint rouge, presque violacé, accrochons le pastel d'un enfant gracieux, petit, efféminé, différent en tout de son illustre père. Élevé par des femmes, le jeune

Horace Walpole est précieux, sceptique, spirituel, délicat. Dès l'enfance, son père, le ministre, le pourvoit de sinécures bien payées : il est contrôleur du Grand Rouleau de l'Échiquier ; il ne sait pas quelles en sont les fonctions, qu'il fait exercer par un commis, mais cela lui rapporte quatre ou cinq mille livres sterling qui lui évitent de jamais songer à l'argent. Il devient un homme très distingué et parfaitement oisif. La société anglaise de ce temps est dédaigneuse et fermée. Il est entendu que tout homme du monde est riche, a reçu une éducation classique et a été pourvu par sa famille d'un siège au Parlement. On a des manières délicieuses, de l'esprit, mais pas tout à fait comme les Français de cette époque. Entre le ton d'un Horace Walpole et celui du salon de Mme du Deffand, une oreille juste discernerait une légère dissonance. Faire des mots pendant tout un soir, si fins d'ailleurs que soient ces mots, paraîtrait à Walpole un peu vulgaire. De même que, plus tard, un Brummell dira qu'être bien habillé, c'est ne pas être remarqué, un Horace Walpole pense qu'avoir de l'esprit c'est, avant tout, l'avoir invisible. Brummell fera porter ses costumes neufs par ses valets ; j'imagine qu'Horace Walpole eût volontiers fait user ses mots par le sien. Pour qu'il juge une chose belle, il faut qu'il y trouve un naturel qui aille jusqu'à la négligence. Il écrit bien, naturellement, mais ne publie pas volontiers. Le bon ton est d'être amateur. Les seuls amateurs qu'il admette sont Mme de Sévigné et l'Hamilton des *Mémoires de Grammont*. Pour Mme de Sévigné surtout il a un culte, il l'appelle Notre-Dame-de-Livry, il lui est reconnaissant d'avoir, comme lui, mis tout son talent dans des lettres. Enfin Walpole s'est fait de Walpole une image qu'il juge charmante, celle d'un homme plein de goût, égoïste, spirituel, un peu original, mais pas trop original (un amateur même en originalité), parfaitement futile et assez dédaigneux. Il regarde le monde et la vie avec un mépris amusé. Ayant ainsi fixé, pour sa grande satisfaction, le style de son personnage, il agit aussi peu que possible pour éviter d'altérer la grâce de cette esquisse.

Il a beaucoup d'amies femmes, pour la plupart assez vieilles, avec lesquelles il échange des attentions, des compliments en vers, sans que jamais l'ombre d'un sentiment vienne troubler sa tranquillité. Pour tuer le temps, il s'est fait amateur de jardins; cela est assez frivole pour être décent. C'est, en Angleterre, le temps des jardins à paysages, des allées capricieuses et des collines artificielles; en cela aussi on réagit très fort contre la rigide ordonnance des jardins français. Walpole est un des arbitres du goût en cet art, sur lequel il a écrit un petit livre, car c'est un sujet dont un gentleman peut écrire sans honte; puis il a acheté, près de Richmond, un cottage, Strawberry Hill, et il se plaît à en faire lentement une maison qu'il considère comme un modèle de goût. Il faut craindre que, sur ce point, Walpole n'ait quelques illusions. Strawberry Hill, tel qu'il l'a transformé, est un petit château gothique, en plâtre d'un ton crème, mi-forteresse, mi-église. A l'intérieur on trouve des autels romains, des colonnettes arrachées au cloître d'un couvent, des ornements italiens envoyés de Florence, des cheminées qu'il a fait dessiner par des artistes modernes, un mélange de chefs-d'œuvre et d'horreurs. Vraiment il y

aurait, pour un homme de goût, plus de sécurité dans
l'inaction. D'ailleurs, il trouve Strawberry Hill ravis-
sant et il y est très heureux. Le matin, vers neuf
heures, vêtu de couleurs claires, portant un gilet blanc
brodé d'argent, il entre dans sa chambre favorite, la
chambre bleue, au-dessus de la Tamise, où son déjeuner l'attend, servi dans des porcelaines délicates.
Il marche avec une négligence un peu affectée, genoux
pliés, sur la pointe des pieds ; il est parfaitement distingué, il le sait, il ne l'est pas trop. Ah ! qu'il est donc
agréable de se savoir Horace Walpole !

Tel est l'homme qui, en 1765, c'est-à-dire à l'âge de
quarante-huit ans, se décide à venir en France pour
un séjour assez long, parce qu'il a eu dans son pays
quelques déconvenues d'amour-propre. Il y arrive
d'assez mauvaise humeur, muni de recommandations
de Lady Hervey pour Mme Geoffrin et de George
Selwyn pour Mme du Deffand. Il est fermement
décidé à ne pas faire un voyage d'études, il a l'horreur
du sérieux.

"Les bagatelles qui m'amusent, voilà les seules
affaires dont je fasse cas à présent. J'ai vu la vanité
de tout ce qui est sérieux et la fausseté de tout ce
qui a la prétention de l'être. Je vais voir le théâtre
français et acheter de la porcelaine française, non pas
étudier le gouvernement ni réfléchir sur les intérêts
des nations."

Il avait fait un premier voyage en France en 1739 ;
il en avait conservé un souvenir plaisant. C'était au
temps de sa jeunesse et cette France encore tout im-
prégnée du ton de la Régence lui avait parfaitement

plu. Revenant, en 1765, dans la France des encyclopédistes et des philosophes, il est atterré. Quoi! ce
sont là ces Français qu'il a connus si gais? Hélas!
ils sont devenus anglomanes. Et qu'ont-ils emprunté
à l'Angleterre? Ce qu'elle a de plus affreux: le whist,
Clarisse Harlowe et cet insupportable philosophe David
Hume qu'à Londres le monde de Walpole méprise et
qui, à Paris, est l'idole des salons, quoique son français
soit aussi inintelligible que son anglais. Et de quoi
parlent ces malheureux?

"Après le whist on se réunit en cercle étroit, et
les voilà partis sur une question de littérature ou
d'irréligion, jusqu'à ce qu'il soit l'heure de se coucher,
c'est-à-dire jusqu'à l'heure où on devrait se lever."

*   *   *   *   *

"Le rire est aussi passé de mode que les pantins
ou les bilboquets. Les pauvres gens! Ils n'ont pas
le temps de rire: d'abord il faut penser à jeter par
terre Dieu et le roi; hommes et femmes, tous jusqu'au
dernier travaillent à cette démolition. On me considère comme un profane parce qu'il me reste encore
quelques croyances."

*   *   *   *   *

"Les Français affectent la philosophie, la littérature
et le *libre penser*: la première n'a jamais été et ne sera
jamais une préoccupation pour moi; les deux autres,
il y a longtemps que j'en suis las. Le *libre penser*
n'est fait que pour soi-même et certainement pas pour
la société; de plus, chacun a déjà réglé sa manière de
penser, ou a reconnu qu'elle ne pouvait l'être; quant

aux autres, je ne vois pas pourquoi il n'y aurait pas
autant de bigoterie à tenter des conversions *contre*
que *pour* une religion. J'ai dîné aujourd'hui avec une
douzaine de savants et, quoique tous les domestiques
fussent là pour le service, la conversation a été beaucoup moins réservée, même sur l'Ancien Testament,
que je ne l'aurais souffert à ma table en Angleterre,
ne fût-ce qu'en présence d'un seul laquais. Quant à
la littérature, c'est un excellent amusement lorsqu'on
n'a rien de mieux à faire, mais elle devient du pédan-
tisme en société, et de l'ennui quand on la professe en
public."

Enveloppé dans cet affreux nuage de whist et de
littérature, il est d'abord très malheureux. Il l'est
d'autant plus qu'à Londres ses amis semblent le tenir
pour un personnage important et qu'ici il n'est plus rien.
Chez Mme Geoffrin, il ne réussit pas ; chez Mlle de
Lespinasse, il serait impossible, il n'a pas le ton de la
nouvelle génération. Enfin, avec la recommandation
de Selwyn, il va chez Mme du Deffand ; là, surprise
agréable : pas de philosophes ; des vieillards, mais des
vieillards spirituels, cyniques, un peu médisants, exactement tout ce qu'aime Walpole.

Chez elle, il débite des folies dont on veut bien rire,
il se fait raconter des histoires du temps de la Régence,
il laisse voir qu'il est heureux, on lui en est reconnaissant ; le voici adopté par le clan.

Quant à Mme du Deffand, elle est conquise, et conquise comme elle ne l'a jamais été par les amants de
sa jeunesse ; elle est, à la lettre, folle de son Anglais.
C'est qu'elle est battue sur son propre terrain et atteinte
sur le point même où elle se croyait invulnérable. Elle

a toujours trouvé tout le monde affecté et s'est piquée de naturel, et voilà un homme qui la trouve, elle, presque affectée et qu'elle reconnaît plus naturel, un homme qui méprise plus d'auteurs qu'elle, qui ne juge pas Montaigne assez simple, et qui avoue qu'à Mme du Deffand il préfère Mme de Sévigné. Il va faire un pèlerinage à Livry pour voir le petit pont sur lequel l'Incomparable allait attendre les lettres de Mme de Grignan. Mme du Deffand ressent les premières atteintes de la jalousie. Elle se fait décrire son Anglais; on lui dit qu'il est grand, très mince, un peu frêle et qu'il a les plus beaux yeux du monde. Elle passe timidement les mains sur ce visage pour essayer d'en imaginer la forme. Elle qui régente une société et dont on craint les épigrammes se fait humble devant lui, elle lui demande conseil sur tout, elle redevient enfant, elle voudrait qu'il l'appelât "ma petite," elle se met à l'appeler "mon tuteur." Elle qui vit depuis vingt ans dans son tonneau de cynique, qui se flatte de mépriser les hommes et de ne croire à aucun sentiment, elle offre son amitié, elle supplie qu'on l'accepte et elle rencontre un être plus froid, plus désabusé qu'elle, qui ne veut pas de l'amitié, qui n'y croit pas, qui la refuse, un Scythe, un être de neige et de glace, enfin, pour tout dire, un Anglais. Alors, par un mouvement qui est l'éternel ressort des tragédies humaines, elle poursuit ce qui lui échappe; elle l'accable de compliments.

— Bon Dieu! quelle différence entre votre pays et le nôtre. Ce qu'on appelle aujourd'hui "éloquence" m'est devenu si odieux que j'y préférerais le langage des halles. Vous autres Anglais, vous ne vous soumettez à aucune règle, à aucune méthode, vous laissez croître le génie sans le contraindre.

Et encore:

— Ce qui m'attache à vous est ce qui en paraît détacher beaucoup d'autres: votre extrême vérité. Elle vous fait dire souvent des paroles malsonnantes, mais elle ne me fâche pas.

Où est le temps où le président Hénault devait s'excuser auprès d'elle d'avoir parlé de notre frère le clair de lune ou de nos bisaïeux les sentiments? C'est elle maintenant qui exprime les sentiments qu'elle ne s'est jamais connus et, comme Walpole lui reproche son ardeur, elle lui répond qu'il vaut mieux être mort que de n'aimer personne.

Walpole qui est assez vaniteux (et même très) trouve un certain plaisir à plaire à une femme que l'on dit avoir tant d'esprit et, d'ailleurs, comme il n'est pas du tout méchant, il éprouve une pitié affectueuse pour cette vieille dame aveugle. Seulement il est un peu inquiet de l'entendre parler de ses sentiments avec autant de violence. Walpole a horreur des sentiments forts et il se garde d'un certain type d'amitié comme de la peste. A un jeune homme qui lui demande à devenir son ami, il répond:

"Pour renfermer votre amitié dans de justes bornes, remarquez que mon cœur n'est pas comme le vôtre, jeune, bon, chaud, sincère et impatient de se prodiguer: le mien est las des bassesses, des trahisons, de la corruption que j'ai rencontrées; il est soupçonneux, plein de doutes et refroidi. Je n'envisage tout ce qui m'entoure qu'au point de vue de l'amusement, parce que, si je le regardais au point de vue sérieux, je le pren-

drais en horreur; je ris pour ne pas pleurer. Je vous
en supplie, ne m'aimez pas; non, ne m'aimez pas!
Je serais encore capable de vous croire et je ne suis
pas du tout de l'avis de Mme du Deffand, qui dit
qu'il vaut mieux être mort que de n'aimer personne.
Faisons un compromis entre nous; vous l'aimerez,
puisqu'elle désire l'être, et je serai votre confident;
nous ferons tout notre possible pour lui plaire, mais
je ne puis aller plus loin: j'ai pris le voile et rien au
monde ne me ferait rompre mes vœux. Converser
avec vous à travers la grille, à Strawberry, voilà mon
plus cher désir, mais pas un mot d'amitié; je ne la
sens pas plus que si je l'avais professée. C'est une
lettre de crédit et, comme tous les autres papiers de
ce genre, il faut finir par la changer en argent comp-
tant; vous savez que vous ne me réaliserez pas, mais
comment savez-vous et comment sais-je moi-même si
je serai aussi scrupuleux?"

En vérité, on ne saurait être plus complètement
désabusé et Mme du Deffand joue là une partie
difficile.

Enfin, il faut que Walpole reparte pour l'Angleterre.
Il a promis de revenir, il a fait promettre à sa vieille
amie qu'elle sera raisonnable, qu'elle n'écrira pas trop
tendrement et qu'elle ne parlera pas trop de lui. Car
il y a une chose que Walpole craint par-dessus tout,
c'est le ridicule. Il voit quels couplets pourraient faire
ces gens de Paris sur les amours d'un bel Anglais
avec une vieille de soixante-dix ans. Il sait que les
lettres sont ouvertes au cabinet noir. Eh quoi! ce
personnage si exquis, si parfait, qu'il dessine avec

tant d'amour depuis trente ans, faudra-t-il qu'il soit exposé à être déformé par les folies trop tendres d'une vieille amie ? Il sait déjà qu'elle n'a que trop parlé, on lui a rapporté des propos affectueux jusqu'au comique. Donc il a pris ses précautions et fait ses recommandations.

Or, voici quelques extraits de la première lettre qu'il reçoit :

"Je commence par vous assurer de ma prudence ; personne ne sera au fait de notre correspondance ; et je suivrai exactement tout ce que vous me prescrirez. J'ai déjà commencé par dissimuler mon chagrin, et, excepté le président et Mme de Jonsac, à qui il a bien fallu que je parlasse de vous, je n'ai pas articulé votre nom. Tout est dit sur cet article ; et comme personne ne nous entend, je veux être à mon aise et vous dire qu'on ne peut aimer plus tendrement que je vous aime."

Aimer ! Voilà justement le mot que craint Walpole. D'Amiens, avant de quitter la France, il la supplie encore une fois d'éviter "les indiscrétions et les emportements romanesques." Mme du Deffand prend feu :

"Si vous étiez Français, je ne balancerais pas à vous croire un grand fat ; vous êtes Anglais, vous n'êtes donc qu'un grand fou. Où prenez-vous, je vous prie, que *je me suis livrée à des indiscrétions et à des emportements romanesques ? Des indiscrétions*, encore passe : à toute force cela peut se dire ; mais pour *des emportements romanesques*, cela me met en fureur, et je vous arracherais volontiers ces yeux que l'on dit être si beaux, mais qu'assurément vous ne pouvez pas soupçonner de m'avoir tourné la tête. Je cherche quelle injure je pourrais vous dire, mais il ne m'en vient point...mais apprenez et retenez-le bien, que je ne vous aime pas plus qu'il ne faut, et que je ne crois point par-delà vos mérites. Revenez, revenez à Paris, et vous verrez comme je me conduirai."

Mais, hélas! dès le lendemain, elle revient à ses inquiétudes:

"Je ne sais point encore quel effet l'absence peut produire en vous; votre amitié était peut-être un feu de paille: mais non, je ne le crois pas; quoi que vous m'ayez pu dire, je n'ai jamais pu penser que vous fussiez insensible; vous ne seriez point heureux ni aimable sans amitié; et je suis positivement ce qu'il vous convient d'aimer. N'allez pas me dire qu'il y a du roman dans ma tête; j'en suis à mille lieues, je le déteste; tout ce qui ressemble à l'amour m'est odieux; et je suis presque bien aise d'être vieille et hideuse pour ne pouvoir pas me méprendre aux sentiments qu'on a pour moi, et bien aise d'être aveugle pour être bien sûre que je ne puis en avoir d'autres que ceux de la plus pure et sainte amitié; mais j'aime l'amitié à la folie, mon cœur n'a jamais été fait que pour elle."

Est-ce de l'amour? Mais oui, bien sûr, c'est de l'amour. A son âge? L'âge n'y fait rien. Amour est un mot qui désigne plusieurs choses et l'une d'elles est cette maladie de l'esprit qui fait chercher en un être unique le sens de la vie, et le bonheur. Si c'est aimer que de penser toujours à un même homme, si c'est trembler à l'idée qu'on le verra, comme à celle qu'on ne le verra pas, si c'est attendre une lettre le cœur battant et sans pouvoir penser à rien qu'à cette lettre, qui peut-être n'a pas été écrite, si c'est craindre

de déplaire au point de cacher son amour et d'essayer de l'appeler amitié, alors il n'y a pas de doute :
Mme du Deffand aime Horace Walpole. "Mon genre
de folie est de n'avoir qu'un point fixe dans la tête, de
ne voir que lui, de tout lui rapporter." Ce genre de folie,
c'est l'amour.

Le diable est qu'Horace Walpole s'en aperçoit bien.
Quand il rentre à Strawberry Hill et trouve ces lettres
inquiètes, tendres, interrogatrices, il est furieux. Est-ce
la peine d'avoir écarté de sa vie l'amour et ses soucis
pour tomber dans les rêves d'une septuagénaire? Est-il
rien de plus irritant que d'avoir promis d'engager une
correspondance avec une douairière illustre, parce qu'on
croit celle-ci divertissante, toute pleine d'anecdotes et
capable de vous tenir au courant de Paris, pour se
trouver soudain empêtré dans un affreux jargon sentimental? Est-ce la peine d'avoir refusé de lire *La
Nouvelle Héloïse*, pour se voir sommé de la rédiger?
Notez que Walpole aime bien Mme du Deffand, qu'il
a parlé d'elle avec beaucoup d'affection à plusieurs
correspondants; mais comprenez, pour excuser ce qui
va suivre, qu'il se dit qu'il faut couper court, et qu'il
est dans un état de terreur panique à l'idée d'embar-
rasser sa vie d'un sentiment faux et exagéré. Voici sa
première lettre :
"A mon retour à Strawberry Hill, je trouve votre
lettre qui me cause on ne peut plus de chagrin. Est-ce
que vos lamentations, madame, ne doivent jamais finir?
Vous me faites bien repentir de ma franchise; pourquoi vous ai-je avoué mon amitié? C'était pour vous
contenter, non pas pour augmenter vos ennuis. Des

soupçons, des inquiétudes perpétuelles! Vraiment, si l'amitié a tous les ennuis de l'amour sans en avoir les plaisirs, je ne vois rien qui invite à en tâter. Au lieu de me la montrer sous sa meilleure face, vous me la présentez dans tout son ténébreux. Je renonce à l'amitié si elle n'enfante que de l'amertume. Vous vous moquez des lettres d'Héloïse et votre correspondance devient cent fois plus larmoyante....Suis-je fait pour être le héros d'un roman épistolaire? Parlez-moi en femme raisonnable, ou je copierai les réponses aux *Lettres Portugaises*."

Mme du Deffand répond avec une dignité attristée:

"Je ne sais pas si les Anglais sont durs et féroces, mais je sais qu'ils sont avantageux et insolents. Des témoignages d'amitié, de l'empressement, du désir de les revoir, de la tristesse, du regret de leur séparation, ils prennent tout cela pour une passion effrénée; ils en sont fatigués et le déclarent avec si peu de ménagements qu'on croit être surpris en flagrant délit; on rougit, on est honteux et confus, et l'on tirerait cent canons contre ceux qui ont une telle insolence."

Oui, on tirerait cent canons, si on ne les aimait pas. Mais on aime et on pardonne, et qui sait? Peut-être même goûte-t-on tant de dureté. Voilà ce grand amour lancé sur l'océan des sentiments et, de toutes les variétés de l'amour, la plus dangereuse: l'amour épistolaire. La plus dangereuse parce que la présence finirait tout de même par lasser. Mais comment se lasser d'un absent? Celui qui aime le mieux des deux s'exalte dans ses propres lettres, il ose écrire plus qu'il n'oserait dire et, comme la pensée suit les mots, il ose penser davantage. Si les lettres de l'autre sont

aimables, elles ajoutent à l'amour, et, si elles sont
dures, elles y ajoutent encore. Désormais, entre Walpole et Mme du Deffand, il n'y a plus que trois thèmes.
Celui de Walpole: "Je veux être amusé, rien de plus.
Si vous voulez que je vous lise, soyez raisonnable,
racontez-moi des histoires et ne me parlez pas de vos
sentiments." Oh! juste retour des choses! N'est-ce
pas exactement, mot pour mot, ce qu'elle écrivait à
Hénault! Ah! président! que vous voici vengé!
Thème de l'amitié amoureuse, quand Mme du Deffand
ose le faire entendre sous forme timide pour chercher
à plaire et, par conséquent, pour cacher son amour.
Enfin thème de l'ennui, de l'invisible ennemi de Mme
du Deffand. Je vous donne des exemples des trois.
Voici sur quel ton la vieille amoureuse ose désormais
parler de l'amour :

"Mais finissons, mon cher tuteur, oublions le passé ;
ne parlons plus que de balivernes, laissons à tout
jamais les amours, amitiés et amourettes ; ne nous
aimons point, mais intéressons-nous toujours l'un à
l'autre sans nous écarter jamais de vos principes ; je
les veux toujours suivre et respecter sans les comprendre ; vous serez content, mon tuteur, soyez-en sûr
et vous me rendrez parfaitement contente si vous ne
vous fâchez plus contre moi au point de m'appeler
Madame ; ce mot gèle tous mes sens ; que je sois
toujours votre *Petite* ; jamais titre n'a si bien convenu
à personne, car je suis bien petite, en effet...."

Thème de l'ennui de Mme du Deffand :

"Ah! mon Dieu! que vous avez bien raison! l'abo-
minable, la détestable chose que l'amitié! Par où
vient-elle? A quoi mène-t-elle? Sur quoi est-elle

fondée? Quel bien en peut-on attendre ou espérer? Ce que vous m'avez dit est vrai, mais pourquoi sommes-nous sur terre et surtout pourquoi vieillit-on? O mon tuteur, pardonnez-le-moi, je déteste la vie.

"J'admirais, hier soir, la nombreuse compagnie qui était chez moi; hommes et femmes paraissaient des machines à ressorts, qui allaient, venaient, parlaient, riaient, sans penser, sans réfléchir, sans sentir; chacun jouait son rôle par habitude...et moi j'étais abîmée dans les réflexions les plus noires; je pensais que j'avais passé ma vie dans les illusions...que je n'avais parfaitement bien connu personne; que je n'en avais pas été connue non plus et que peut-être je ne me connaissais pas bien moi-même."

Thème de Walpole:

"Vous voulez aller à la chasse d'un être qui ne se trouve nulle part, c'est-à-dire une personne qui vous fût uniquement attachée et qui n'aimât qu'un seul sujet de conversation. Vous voudriez qu'il fût un homme d'esprit pour vous bien entendre et qu'il n'en eût point en même temps, sans quoi il lui serait impossible de soutenir un tel rôle....C'est absolument une manie que la façon dont vous parlez de l'ennui. On dirait que vous êtes une fille de seize ans qui est au désespoir. Qu'est-ce que vous cherchez? Vous voyez beaucoup de monde depuis cinquante ans et ne savez pas encore qu'il y a des sots, des ennuyeux, des traîtres. Vous vous lamentez tout comme si vous en étiez à votre première découverte de la fausseté. Rendez-vous à la raison, prenez le monde comme il est et ne ressemblez pas à ce prince, dans les contes persans, qui courait le monde pour trouver une prin-

cesse qui ressemblât à certain portrait qu'il avait vu
au trésor de son père et qui se trouva avoir été la
maîtresse de Salomon.   Vous ne découvrirez pas
la maîtresse de Salomon...."

Ces trois thèmes se répondent et se renouvellent
au cours de près de deux mille lettres, car Walpole
lui-même arrive, en huit ans, à écrire huit cents lettres
à sa vieille amie, ce qui prouve tout de même qu'il
l'aime bien, et ce qui le prouve mieux encore, c'est
que, quatre fois en huit ans, il fait le voyage de Paris,
vraiment rien que pour l'aller voir, car, lorsqu'il est
en France, il passe tout son temps avec elle.   A son
premier voyage, elle est folle de joie, elle vient le
saisir au débotté, assiste même à toute sa toilette en
répondant à ses objections que, puisqu'elle est aveugle,
cela n'a pas d'importance.   Il est content de revoir le
salon de moire bouton d'or, mais il y est reçu par des
aboiements furieux car Mme du Deffand a maintenant
un chien, Tonton, qui est d'une méchanceté effroyable.
Un de ses amis lui a offert une image en cire de
Tonton et le nouveau volume de Voltaire, avec ce
petit couplet :

> Vous les trouvez tous deux charmants,
> Nous les trouvons tous deux mordants,
>   Voilà la ressemblance.
> L'un ne mord que ses ennemis,
> Et l'autre mord tous vos amis,
>   Voilà la différence.

Mme de Choiseul lui a donné une bonbonnière d'or
sur laquelle est sculptée l'image en relief de Tonton.
Le président est encore là, mais bien malade et complètement sourd.   Quant à Mme du Deffand, elle est

plus active que jamais et ne sent aucune différence
entre vingt-trois et soixante-treize ans.

"Car, dit Walpole, son âme est immortelle et force
son corps à lui tenir compagnie. Elle humilie les
savants, réforme leurs disciples, et trouve une conversation pour chacun. Aussi affectueuse que Mme de
Sévigné, elle n'a aucun de ses préjugés, mais un goût
plus universel. Avec le corps le plus délicat, son
ardeur la précipite dans une vie de fatigues qui me
tuerait si je devais continuer à vivre ici. Quand nous
revenons, à une heure du matin, d'un souper à la campagne, elle propose d'aller jusqu'aux boulevards ou
à la foire Sainte-Ovide parce qu'il est trop tôt pour
se coucher. Hier soir, bien qu'elle fût malade, j'ai
eu grand'peine à la persuader de ne pas attendre la
comète jusqu'à trois heures du matin, car, pensant
que cela m'amuserait, elle avait commandé chez le
président Hénault un astronome et ses télescopes.
En un mot, sa bonté pour moi est telle que je montre
sans honte ma personne fanée dans tous ces plaisirs
du monde, auxquels j'ai renoncé à Londres."

Pendant ce séjour, Mme du Deffand est parfaitement heureuse et Walpole parfaitement aimable, mais
il repart et la lutte recommence. Elle en souffre
d'autant plus qu'elle est de plus en plus seule. Son
vieux président lui-même va la quitter. Il est fort
malade. On a obtenu de lui qu'il fît une confession
générale et Mme du Deffand a trouvé que cela durait
bien longtemps.

— Ah! que voulez-vous, madame, je retrouvais toujours des péchés. C'est quand on déménage qu'on
s'aperçoit qu'on est plus riche qu'on ne pensait.

Vers la fin et comme il a déjà un peu perdu le
sentiment exact de ce qui l'entoure, elle lui rend visite
et la conversation tombe sur Mme de Castelmoron,
morte depuis quelques années déjà :

— Dites-moi, président, avait-elle de l'esprit ?
— Oui, oui, elle en avait.
— En avait-elle autant que Mme du Deffand ?
— Oh ! mon Dieu ! non, il s'en fallait de beaucoup.
— Mais laquelle des deux aimeriez-vous le mieux ?
— Ah ! J'aimais bien mieux Mme de Castelmoron.

Cela est assez dur à entendre, mais, maintenant que
Mme du Deffand a appris sur le tard ce que c'est
qu'un sentiment fort, sans doute doit-elle trouver que
cela est juste. A force d'être rabrouée par son Anglais,
elle est en train d'apprendre la forme la plus difficile
et la seule belle de l'amour : aimer ceux qu'on aime
comme ils veulent être aimés. Elle a capitulé, elle
accepte d'amuser Walpole:

"J'ai déchiré de mon dictionnaire, à la lettre A,
Amitié, Affection, Attendrissement. Pour Amour,
Affectation et Artifice, ils n'y ont jamais été. J'y
laisserai, si vous le permettez, Attention. Au C,
Caresse, Contrainte, seront retranchés; Constance et
Confiance resteront. Jugez du reste de l'alphabet par
ce commencement....Je vous écrirai tous les jours
l'histoire de la veille. Il y aura quantité de noms
propres et jamais, non jamais, de pensées ni de réflexions....Je ne finirai pas cette lettre sans vous dire
un petit mot d'amitié ; ah ! ne vous effarouchez pas:
je voudrais être votre grand'mère. Le voilà dit. Êtes-
vous fâché ?"

Enfin, un jour de l'an 1780 (elle a quatre-vingt-trois

ans), de son lit, elle dicte au fidèle Wiart sa dernière
lettre à Walpole :

"Je vous mandais dans ma dernière que je ne me
portais pas bien. C'est encore pire aujourd'hui. J'ai
de la peine à croire que cet état ne m'annonce une fin
prochaine. Je n'ai pas la force d'en être effrayée et, ne
devant vous revoir de ma vie, je n'ai rien à regretter.
Divertissez-vous, mon ami, le plus que vous pourrez ;
ne vous affligez point ; nous étions presque perdus l'un
pour l'autre. Vous me regretterez parce qu'on est bien
aise de se sentir aimé."

Cette dernière phrase me semble admirable ; il la
faut compléter par une autre : quand elle dicta cette
lettre elle fut surprise d'entendre son vieux secrétaire
sangloter.

— Eh quoi ! lui dit-elle stupéfaite, vous m'aimiez
donc ?

Il me semble que tout le cruel jeu des passions est
entre ces deux mots. On sent qu'on aime ; on sent
mal qu'on est aimé ; on jouit des sentiments qu'on
éprouve plus que de ceux qu'on inspire et on regrette
quand elles s'évanouissent, les amours qu'on a tant
méprisées. Voici comment Walpole accueillit cette
mort :

"J'ai appris de Paris la mort de ma chère vieille
amie Mme du Deffand. Cette perte n'était pas inat-
tendue et d'ailleurs adoucie par son grand âge. Sa
mémoire commençait à peine à diminuer ; son étonnante rapidité d'esprit, point du tout. Je lui ai écrit
au moins une fois par semaine depuis quinze ans. En
de tels malheurs il faut éviter les lieux communs."

Elle avait voulu lui laisser tout son petit avoir,

mais il n'avait voulu accepter que ses manuscrits et
la mince boîte d'or qui portait le portrait de Tonton.
Il écrivit pour demander qu'on lui envoyât le chien
lui-même "parce que, dit-il, il est si méchant que
personne d'autre ne le traitera bien." Tonton supporta bien le voyage, il se montra aussi désagréable
à Strawberry Hill qu'au couvent de Saint-Joseph;
il commença par exiler le chat, puis se lança avec
courage sur un grand chien de Walpole qui le mordit
jusqu'au sang. Quelle aventure dans ce calme intérieur! La femme de charge soigna Tonton en
disant:

— Pauvre petit chien qui ne comprend même pas
l'anglais!

Walpole supporta les méfaits de son hôte avec
opportunisme:

"Je ne corrigeai pas ses vivacités par amitié pour
ma vieille amie, mais je ne les encourageai pas non
plus."

D'ailleurs, Tonton s'acclimata et vécut dix ans encore. Désormais, chaque jour, à neuf heures, quand
Walpole entre doucement, les genoux un peu fléchis,
de son pas négligent, distingué, — ah! si distingué, —
dans sa favorite chambre bleue, de la fenêtre de laquelle il voit une prairie verte, des arbres et la Tamise,
son arrivée est annoncée par les aboiements de Tonton, si bien nourri qu'il ne peut plus remuer. Tonton
reçoit une bonne part du breakfast. Puis Walpole
mélange dans un bassin des graines, du lait, et jette
le mélange par la fenêtre pour les écureuils qui descen-
dent aussitôt des arbres du jardin. C'est ainsi que cet
aimable gentilhomme, qui a refusé avec une violence

si farouche d'être sentimental au profit d'une vieille
dame, se montra parfaitement et constamment sensible
avec un chien et des écureuils. Contraste bien anglais,
peut-être raisonnable.

Mais les humains pourtant eurent leur revanche.
Dans sa vieillesse Walpole rencontra deux sœurs,
les misses Berry, jeunes et jolies filles d'un esprit
charmant, et éprouva pour elles des sentiments presque aussi vifs que ceux qu'il avait lui-même inspirés
à Mme du Deffand. Seulement, les hommes étant
plus vaniteux et moins spontanés que les femmes, le
vieil amoureux eut la force de contenir ses passions
dans un ton agréable et léger. Ce qui fit qu'il n'offensa
pas ses jolies amies et qu'il les garda jusqu'à la mort,
ayant trouvé dans l'amitié tendre, qu'il avait jadis si
durement malmenée, les seuls vrais plaisirs de sa vie.

Ainsi, l'un après l'autre, ces êtres désabusés revien-
nent aux sentiments les plus naturels et s'aperçoivent,
après avoir longtemps cherché le bonheur, qu'on ne le
trouve que dans l'oubli de soi. Je voudrais finir sur
un texte de Mme du Deffand, texte écrit un jour que
Walpole lui avait adressé une lettre un peu plus tendre:
"Qu'importe d'être vieille, d'être aveugle? Qu'importe le lieu que l'on habite? Qu'importe que tout ce
qui environne soit sot ou extravagant? Quand l'âme
est fortement occupée, il ne lui manque rien que l'objet
qui l'occupe et, quand cet objet répond à ce que l'on
ressent pour lui, on n'a plus rien à désirer."

Extraits d'*Études Anglaises.*

VIII

Ruskin

Il y a des époques où les artistes aiment leur temps;
la nôtre, par exemple. Un jeune écrivain français de
1926 n'éprouve aucune horreur pour les lignes pures
de la voiture de course, de la locomotive américaine
ou de l'avion; au contraire, il s'en fait le poète. Un
lyrique moderne, comme Paul Morand ou Monther-
lant, chante la vie d'aujourd'hui. Mais, à d'autres
époques, il y a divorce entre l'artiste et la vie de son
temps. Le XIXᵉ siècle anglais est de ces dernières.
Nous avons beaucoup de mal à imaginer l'horreur
avec laquelle un jeune Anglais, de 1820 à 1900, pouvait regarder la civilisation mécanique qui s'organisait
dan sons pays, plus vite et plus profondément qu'en
tout autre. Cette civilisation était alors bien plus
haïssable qu'aujourd'hui. Les usines s'étaient élevées
au milieu de paysages qui, avant elles, avaient été char-
mants et qu'elles couvraient d'une suie dégoûtante.
La machine à vapeur, la locomotive, n'étaient pas les
belles choses que nous voyons aujourd'hui, mais des
objets maladroits dont la silhouette monstrueuse irritait les hommes du temps. Les ouvriers anglais tra-
vaillaient quatorze heures par jour. On employait,
dans les fabriques, des enfants de cinq ans. Le peuple
anglais, qui passait d'une vie de campagne idyllique à
des maisons de faubourgs puantes et étroites, s'était
trouvé réduit, en cinquante ans, à une existence mi-

sérable. En même temps s'était élevée une classe bourgeoise, utilitaire, avide à la fois d'argent et de pouvoir politique. Pour cette élite nouvelle, dont le goût n'était pas encore formé, les machines fabriquaient des objets d'art en série, des meubles aux sculptures fausses et des ornements moulés. Le règne de la laideur commençait. Il devait, après les capitonnages affreux du temps de la reine Victoria, atteindre son apogée en 1900, avec les vermicelles paraboliques de l'art nouveau industriel.

Il n'est pas surprenant que, devant tant de laideur, tant de misère, quelques jeunes hommes aient cherché refuge dans le culte de la Beauté. Ce qui est plus divertissant, c'est que, dans leur révolte, les premiers esthètes restent à l'image de ce temps détesté. Cette Angleterre utilitaire et rationnelle qu'ils haïssent de tout leur cœur, elle les a pourtant marqués profondément.

Ruskin, par exemple, appartient à une famille tout à fait représentative de l'Angleterre de 1820. Son père était un grand négociant importateur de vins espagnols, qui combinait, dans un mélange parfaitement anglais, une religion austère et exigeante, une grande habileté d'homme d'affaire et l'amour de la bonne peinture. Sa mère était le type même de la puritaine de la grande époque.

— J'ai vu, disait Ruskin, ma mère voyager du lever au coucher au soleil, pendant un jour d'été tout entier, sans jamais s'appuyer au dossier de la voiture.

Cette rigidité symbolique fut maintenue par elle pendant toute l'éducation de son fils. Mrs Ruskin considérait l'achat d'un jouet comme un péché, et le petit John n'en posséda jamais un. Le dimanche, dans la maison, les tableaux étaient tournés face au mur. Chaque jour, son fils devait lui lire à haute voix un chapitre de la Bible. Elle surveillait l'intonation et ne tolérait pas qu'il changeât une syllabe. Il commença par le premier chapitre de la Genèse, lut jusqu'au dernier verset de l'Apocalypse, et, le lendemain du jour, où il avait terminé le livre, il recommença par le premier chapitre de la Genèse. N'ayant ni jouets ni camarades, il passait ses journées dans le jardin, à observer avec une curiosité minutieuse, tendre, les oiseaux, les fleurs, les formes changeantes des nuages. Quand il pleuvait, il regardait sans fin les dessins du mur de sa chambre. A trois ans et demi, debout sur une chaise, il prêchait un court sermon. Ses parents l'écoutaient avec un ravissement glacial et pensaient que leur fils serait un jour évêque. Bientôt ils l'emmenèrent en voyage. M. Ruskin s'arrangeait pour vendre ses vins dans les pays où il y avait de beaux tableaux, et quand un châtelain, grand acheteur de porto, avait aussi un beau Velasquez, le bonheur du grand marchand était parfait.

De cette façon, le petit John vit très bien l'Angleterre, puis la France, puis presque toute l'Europe. Il continua à regarder la nature et à l'aimer. La redoutable sollicitude de ses parents ne permit jamais qu'il fût élevé dans une école. Quand l'âge vint d'aller à Oxford, on vit un spectacle sans précédent en Angleterre: sa mère l'y accompagna. Et pourtant, elle aurait pu être bien tranquille! Jamais jeune homme plus parfait n'avait vécu dans une université. Il crai-

gnait le jeu comme le feu de l'enfer. Il n'était jamais
sorti le soir. On n'avait pas à craindre de le voir se
blesser, car il ne faisait aucun sport. Le seul objet
pour lequel il concevait qu'on dépensât de l'argent
était l'achat de tableaux, et son père lui en donnait
un pour chacun de ses anniversaires. Mais Mrs Ruskin
ne put se résoudre à le quitter. Elle tenait à être le
témoin de ses succès. Déjà elle imaginait sa carrière :
il écrirait des poèmes aussi beaux que ceux de Byron,
mais édifiants ; il prêcherait des sermons aussi beaux
que ceux de Bossuet, mais protestants ; il serait fait, à
quarante ans, évêque de Westminster, et, à cinquante,
primat d'Angleterre.

En fait, sa carrière fut toute différente. Quand le
jeune Ruskin sortit d'Oxford il se demanda :

— Pour quoi suis-je fait ?

Et il se répondit :

— Je suis fait pour répandre et enseigner une
doctrine.

Cette doctrine, il l'avait formée pendant toute son
enfance studieuse, observatrice. Vous la trouverez parfaitement exposée dans le très beau livre de M. André
Chevrillon : *La Pensée de Ruskin.* Je vais vous en
indiquer cependant ce qui appartient à notre sujet, et
cela peut se faire en quelques axiomes.

Premier axiome (dû, celui-là, à l'observateur de la
nature) : "Le monde est beau. L'artiste ne doit pas
inventer, il doit copier ce qui est. Il faut passer sa vie
dans la contemplation de la beauté."

Et, tout de suite, deuxième axiome (ici, intervient le
puritain, l'enfant qui a lu la Bible depuis sa jeunesse) :

"Ce plaisir de contemplation esthétique, se dit le puritain, est-ce que ce n'est pas un plaisir bien coupable? Ai-je le droit...?" Non, se répond Ruskin, ce n'est pas coupable, parce que le beau et le bien c'est la même chose. Ce que fait un artiste, ce n'est jamais que de retrouver le divin sous les apparences Copier la nature, c'est chanter Dieu. "La beauté n'est que l'indice d'un accord avec la volonté providentielle." Toutes les jolies femmes sont des anges, et la preuve en est que, si un jour elles sont moins angéliques, elles sont aussitôt moins jolies.

Troisième axiome: "Cette contemplation de la beauté n'est pas nécessairement égoïste." Elle peut être le secret du bonheur de tous, et même du peuple auquel Ruskin tenait tant, à condition que l'artisan et l'artiste soient, comme au Moyen Age, le même homme. Dans nos usines modernes, il est vrai que l'ouvrier est malheureux, disait-il, mais c'est parce qu'il fait un travail de machine. Quand on voit dans nos maisons ces lampes, ces vases, ces chaises faits en série, alors on s'imagine bien le malheur de tous ceux qui les ont fabriqués. Regardez, au contraire, les cathédrales, et là, tout de suite, dans la variété des ornements, des statues, vous devinez le bonheur certain des artistes qui les ont sculptés. Ce qui convient à l'homme, c'est le travail manuel dirigé par l'intelligence.

Cette doctrine, Ruskin l'enseigna toute sa vie par le livre, par les conférences, même par l'action.

Il y avait, près d'Oxford, une mauvaise route défoncée dont les fermiers se plaignaient. Ruskin, qui était devenu professeur d'esthétique à l'Université, demanda à ses élèves de donner l'exemple du travail manuel et de l'aider à refaire cette route. Alors, plusieurs fois par semaine, on vit le professeur et les étudiants manier la pelle. Les jeunes gens venaient avec grand plaisir parce que Ruskin les invitait ensuite à prendre le thé avec lui et qu'il leur faisait de charmantes petites conférences privées. Seulement la route devenait de plus en plus mauvaise et elle fut bientôt la plus redoutable du royaume. Alors le maître fit venir son propre jardinier qui, ayant, lui, quelques idées pratiques sur le nivellement, rendit à peu près carrossable la route de Ruskin.

Or, cette idée de nettoyer l'univers de toute laideur, en lui prêtant son propre jardinier, était caractéristique de Ruskin : pour avoir le droit de goûter la beauté du monde, il fallait que ce monde fût beau pour tous. C'est à quoi il voulait se consacrer.

Il le pouvait. Son père était mort et lui avait laissé une fortune immense : cent cinquante-sept mille livres. Il n'avait pas de besoins. Il était seul. Il avait été marié, mais très mal, ayant commis la faute d'épouser une femme qui préférait le monde aux tableaux. Puis, il avait commis la seconde faute d'inviter le peintre Millais chez lui, à la campagne, pour faire son portrait. Double erreur, car Millais était un mauvais peintre et un bel homme. Le résultat fut que Mrs Ruskin devint Mrs Millais. Seul dans la vie, et immensément riche, Ruskin décida d'employer sa fortune à faire un monde qui fût digne de ses cathédrales. A partir de ce moment, ses largesses sont innombrables. Ses pensionnaires, dans toute l'Angleterre, se comptent par

centaines. Chaque fois qu'on le nommait professeur
de dessin dans une école, il commençait par faire don
à l'école d'un musée pour encourager les élèves, musée
qui se composait de dessins de maîtres puisés dans ses
propres collections. Dans beaucoup d'écoles de jeunes
filles, les dons de Ruskin servaient, au mois de mai, à
créer une reine de mai qui était élue par ses compagnes
et qui recevait de lui une croix d'or et quarante petits
volumes reliés, ses œuvres complètes, qu'elle devait
distribuer aux compagnes de son choix; et, quand il
pouvait, il venait lui-même. Car le pauvre M. Ruskin
aimait énormément la société des jeunes filles. Il avait
toujours, avec quelques-unes d'entre elles, des liaisons
innocentes et romanesques. Surtout, il s'était profondément attaché à l'une de ses anciennes élèves, Rosie
Latouche, et même, après de longues promenades dans
les jardins de Ruskin, il lui avait offert de l'épouser.
Il avait cinquante-trois ans; elle, vingt-quatre. Cela
n'eût pas été un obstacle, mais elle était profondément
religieuse; or, Ruskin avait cessé de croire. Il avait
perdu la foi de son enfance pour une raison bien curieuse et adorablement ruskinienne: il avait découvert
Véronèse. Or, disait-il, puisque l'art de Véronèse, art
sensuel, art sans aucun but moral, est plus grand que
celui de Fra Angelico, je ne puis plus croire. Rosie
Latouche ne voulait ni épouser ni même voir un in-
croyant, et elle s'éloigna de lui en lui promettant de
le revoir dans l'autre monde.

"A quoi bon, dit tristement Ruskin! C'est dans ce
monde-ci que je la voulais. Au ciel, j'ai l'intention
de parler surtout avec Pythagore, avec Socrate, avec
Valérius Publicola; je me soucierai très peu de Rosie

là-haut! Elle n'a pas besoin de penser à cela. Que m'importeront alors ses yeux gris et ses joues roses!"

Pour essayer de se rattacher à la vie, il entreprit de créer une confrérie dite de Saint-Georges. L'idée était de grouper tous les Anglais qui, désirant faire une belle Angleterre, accepteraient de sacrifier un dixième de leurs biens pour transformer une partie au moins du pays en une terre aussi heureuse que possible. Dans le territoire de la confrérie, on ne tolérerait ni machine, ni chemin de fer; l'oisiveté serait interdite; on n'y aurait, d'ailleurs, aucune liberté et on n'en souhaiterait pas. On n'y désirerait aucune égalité et on y aurait le respect de toute supériorité.

De la fortune de son père, Ruskin avait déjà distribué environ la moitié à ses protégés. Il lui restait soixante-dix mille livres. Il donna alors le dixième à la confrérie de Saint-Georges, soit sept mille livres, et puis il attendit les souscriptions. Hélas! en trois ans, le reste de l'Angleterre souscrivit deux cent trente-huit livres dix shillings. On fit cependant un essai de culture, un essai d'industrie à la main. Tout échoua. Alors Ruskin essaya de reconstruire les maisons les plus misérables de Londres, puis il acheta une boutique dans Paddington pour vendre du thé pur au prix coûtant, puis il créa une équipe de balayeurs pour les rues des quartiers pauvres. Mais ces travaux d'Hercule étaient au delà des forces de Ruskin, de ses amis, même de son jardinier. Un homme de génie ne peut recréer le monde comme si rien n'avait existé avant lui. Il le reconnaissait et il en souffrait, et, avec le temps, ce désappointement commençait à troubler sa raison.

Il fut surtout triste quand il vit ses amis, les plus fidèles en apparence, ne pas s'enrôler sous la bannière de Saint-Georges. L'amour de la beauté n'allait donc pas chez eux jusqu'à la souhaiter en toute chose? Il eut une crise nerveuse, presque une crise de folie. On lui conseilla le repos.

— Ce n'est pas le travail qui use mes forces, dit-il, c'est le sentiment qu'il n'en résulte rien.

Rosie Latouche était mourante; il demanda à la revoir. Elle lui fit répondre qu'elle le recevrait s'il pouvait jurer qu'il aimait Dieu mieux qu'elle.

— Non, répondit-il, je ne peux pas mentir.

Et elle mourut sans qu'il l'eût revue.

Après cette mort, il eut beaucoup de mal à retrouver le sommeil, et il eut de nombreuses hallucinations. Il alla voir des médiums qui lui montraient Rosie et la faisaient parler. Le souvenir de Rosie se mêlait pour lui avec la Sainte Ursule dont Carpaccio a figuré l'histoire, à Venise, d'une façon si touchante. Il cessa de distinguer la tragédie peinte de la vécue. Il dut se retirer à la campagne, passa le reste de sa vie presque immobile devant une fenêtre, regardant comme dans son enfance, se faire et se défaire les masses mobiles des nuages.

Ainsi l'esthète social, l'esthète qui avait voulu faire de l'Angleterre un beau parc, avait échoué. Échec moins complet, tout de même, qu'il ne semblait, car le spectacle de cette vie avait contribué à élever un peu le niveau des soucis humains. L'homme n'est ni ange ni bête, mais le bonheur est que, quand il fait l'ange, il fait un peu moins la bête.

Extraits d'*Études Anglaises*.

IX

Oscar Wilde

Au temps où Ruskin professait à Oxford, vivait à l'Université un jeune étudiant irlandais, très beau, très onctueux, très cultivé, qui faisait l'admiration de ses condisciples et de ses maîtres. Il avait un esprit ingénieux et paradoxal, l'horreur de la simplicité et le mépris de l'évidence. Sa conversation était remarquable par un humour très poétique et une invention sans cesse renouvelée. Il se nommait Oscar Wilde, et tout le monde l'appelait "Oscar" tout court. Il était le fils d'un médecin irlandais, célèbre à la fois par sa science et par ses aventures amoureuses. De tous les étudiants de son temps, Oscar était le mieux habillé et celui qui connaissait le mieux la littérature grecque. Il poussait jusqu'au record cette érudition classique qui est, pour les jeunes Anglais, le sport des faibles. Oxford l'enchantait. Il aimait ses clochers de rêve, ses collèges gris, ses gazons de velours, ses belles prairies à travers lesquelles la rivière serpente vers Londres, Oxford la capitale du romanesque, Oxford où les réalités de la vie sordide sont inexistantes, Oxford où tout le monde a de l'argent et où personne ne parle de l'argent.

— Ruskin, dit Wilde, me plaisait infiniment. C'était un admirable écrivain, une sorte d'esprit romanesque comme une viole, remplissant tout l'air du parfum de sa foi. Mais c'était sa prose que j'aimais et non sa piété. Sa sympathie pour les pauvres m'ennuyait, sa route m'ennuyait. Je ne voyais rien dans la pauvreté qui pût m'intéresser, rien, et je m'en écartais comme d'une dégradation de l'esprit. Mais c'était un grand poète et un admirable professeur. Et, surtout, à Oxford, dans ce temps-là, il y avait Pater, et Pater était tout pour moi.

Pater était un professeur, ou, plus exactement, un *fellow* de Brasenose qui enseignait alors une doctrine toute différente de celle de Ruskin. Pour Pater, il ne s'agissait plus du tout de retrouver la morale sous la beauté, mais de jouir de cette beauté aussi ardemment que possible.

— A chaque moment, disait Pater, il existe, dans le champ de notre attention, un ton, une teinte, une émotion qui sont dignes d'accaparer notre esprit. Comme il ne nous est donné que quelques pulsations d'une vie dramatique et brève, c'est une folie que de négliger une seule des occasions d'émotion qu'elle peut offrir. Le but de la vie, c'est de voir tout ce qu'il y a à voir avec les sens les plus aiguisés. Brûler sans cesse de cette flamme pure et précieuse, maintenir cette extase, voilà ce que j'appelle, moi, réussir dans la vie....Il faut toujours avoir présentes à l'esprit deux idées: la tragique brièveté de l'existence et sa dramatique splendeur. Il faut que le mot de Faust à l'instant qui passe: "Oh! reste, toi, tu es si beau!" devienne le cri continu de notre âme. Nouveaux aspects, nouvelles théories, nouveaux plaisirs, il faut tout essayer, tout goûter avec une sensualité désespérée. Quant à savoir où est la vérité, nous n'en avons pas le temps. D'ailleurs, il ne s'agit pas de cela, et cela n'a ni sens, ni intérêt.

Cet esthétisme ardent et triste avait eu sur le jeune Wilde une influence profonde. En même temps, le génie avec lequel Wilde exposait les doctrines de son maître, en les entourant de paroles ingénieuses et nouvelles, en les ornant d'épigrammes, frappait Pater d'admiration. Un jour, après que Wilde eut parlé long-temps, Pater—et il faut se représenter Pater, le solennel Pater, si tranquille, si silencieux—glissa soudain de son siège, s'agenouilla devant Wilde et lui baisa la main.

—Non, dit Wilde, ne faites pas cela! Que penseraient les gens s'ils nous voyaient!

Pater se releva, le visage blanc d'émotion.

—Il fallait, dit-il, en regardant autour de lui avec crainte, il fallait, au moins une fois....

On imagine à quel degré d'orgueil avait pu arriver un jeune homme déjà satisfait de lui-même et que traitaient ainsi ses maîtres.

En quittant l'Université, il vint à Londres, plein de confiance. Pourtant la vie ne s'annonçait pas facile. Qu'est-ce qu'il pouvait faire? Il avait les goûts les plus onéreux et pas d'argent pour les satisfaire. Quand on lui demandait:

— Quelle sera votre carrière?

Il répondait:

— Professeur d'esthétique.

Quand on voulait savoir comment il gagnerait sa vie:

— Donnez-moi le superflu, répondait-il, je laisse le nécessaire aux autres.

Pourtant il avait pour lui deux vertus, deux grandes vertus: il admirait très bien, sans modération et il était amusant; deux forces incalculables dans le monde. Il avait inventé une forme d'esprit assez nouvelle qui consistait à retourner des platitudes. Par exemple il disait:

— On résiste à tout, sauf à la tentation.

— Le travail est la plaie des classes qui boivent.

Avec dix phrases de ce style on va loin dans un salon. Et puis sa tenue aussi l'avait fait sortir de la masse des inconnus. Il portait une culotte courte, des bas de soie, à la boutonnière une fleur, un bleuet vert ou un lis d'or. On le vit descendre le Strand portant à la main une fleur de tournesol. Il fumait des cigarettes à bout d'or, ce qu'on n'avait jamais vu encore et qui apparaissait, en ce temps-là, comme le comble de l'originalité et de la dépravation. Non qu'il crût à la vertu propre de ces pratiques, mais il voulait étonner.

— Le premier devoir dans la vie, disait-il, c'est d'être aussi artificiel que possible. Ce qu'est le second, personne ne l'a jamais découvert.

D'ailleurs, en fait, les résultats lui donnaient raison, car on l'invitait beaucoup. Il était certain que, dans le monde de Londres, il réussissait. C'est qu'il y a des périodes où la hardiesse est une politique prudente et sûre, et où le mépris du public est la façon la plus efficace de lui faire sa cour. Londres passait alors par une de ces crises. On avait beaucoup ri, autrefois, des amis de Ruskin, des peintres préraphaélites, puis on les avait vus devenir célèbres, les prix de leurs tableaux monter, et le monde s'était juré de ne plus être dupe de ses goûts naturels. Il admirait maintenant le nouveau, par principe et pour les raisons mêmes qui le lui avaient fait condamner trente ans plus tôt, Wilde en profitait.

Cependant, il était très difficile de vivre de ce succès.

Toute l'élite anglaise l'appelait maintenant "Oscar,"
mais cela ne payait pas ses notes de tailleur. Il essaya
d'une tournée de conférences en Amérique. Quand les
douaniers américains lui demandèrent s'il n'avait rien
à déclarer:

— Rien, dit-il, sauf mon génie!

Aux reporters qui l'interrogeaient sur son voyage
il dit:

— Je ne suis pas content de l'Atlantique, ce n'est
pas aussi majestueux que ça devrait être!

Et, un peu plus tard:

— J'ai été bien désappointé par le Niagara. Tout le
monde doit être désappointé par le Niagara. On y
amène toutes les fiancées américaines, et c'est sans
doute la première sinon la plus grande déception de
leur vie conjugale!

Ses conférences furent reçues en Amérique avec
curiosité et ironie. A Boston, les étudiants y vinrent
en culotte courte et bas de soie, un lis à la boutonnière,
et portant à la main un bouton d'or. On parla de lui
et il rapporta un peu d'argent. D'ailleurs, ce qu'il
avait dit était très banal. Il s'était beaucoup servi des
enseignements de Pater, et aussi des mots d'un nouveau
et brillant ami à lui qui était le peintre Whistler.
Whistler qui était un homme très dur, accusait Wilde
de plagiat. Un jour, comme Whistler venait de pro-
noncer une phrase très spirituelle:

— Ah! lui dit Wilde, comme je voudrais avoir dit
cela moi-même!

— Vous le direz, Oscar, vous le direz! répondit
Whistler.

Wilde parlait surtout dans ses conférences, de peinture, de musique, et Whistler soutenait qu'il n'y connaissait rien. C'était vrai. Seulement il s'en tirait par des phrases brillantes et prudentes, définissant un morceau de musique par des expressions de ce genre :

— Oui, j'aime ce concerto rouge brique.

Vers ce temps, il fit un séjour à Paris. Il y vit tous les écrivains qui comptaient, depuis Hugo jusqu'à Paul Bourget. Il voulait surtout voir Verlaine, il le vit mais il fut très déçu. Le bohème anglais est confortable et ne conçoit guère la poésie pure sans l'eau courante. Entre Baudelaire et le Wilde de ce temps-là (car cela ne serait plus vrai du Wilde de la fin), il y avait toute la différence d'un bûcher ardent à un radiateur.

Revenant à Londres, son succès grandit. Il était vraiment, maintenant, l'homme le plus amusant qu'on pût inviter à dîner.

— Or, disait-il, l'homme qui règne sur un grand dîner de Londres domine le monde.

Le besoin d'admiration immédiate, constante, lui faisait adopter un ton qui était peut-être un peu au-dessous de lui-même, un ton divertissant mais assez médiocre. Cependant, on citait ses mots avec enthousiasme. Un journal avait ouvert une enquête et demandait aux écrivains la liste de leurs cent livres préférés. Wilde répondit :

— Mais je ne peux pas en trouver cent, puisque je n'en ai encore écrit que cinq !

Dans un salon, une maîtresse de maison négligeait

de donner aux hommes la liberté d'allumer des cigarettes. En ce temps-là, on avait encore des lampes à
pétrole, et, tout d'un coup, elle dit à Wilde:

— Soyez gentil, monsieur Wilde, éteignez cette
lampe; elle fume.

— Heureuse lampe! soupira-t-il.

Les cartes d'invitation portaient maintenant: "Pour
rencontrer M. Oscar Wilde et pour l'entendre raconter
sa dernière histoire." Car il racontait avec un charme
et une facilité vraiment délicieux. Cela se passait
toujours à la fin du déjeuner. Il y avait un long silence
de recueillement, puis un ami disait:

— Maintenant M. Wilde va nous raconter le mythe
de Narcisse.

Alors Wilde commençait:

"Quand Narcisse mourut, les fleurs des champs
furent plongées dans la tristesse et demandèrent à la
rivière de leur prêter des gouttes d'eau pour se mettre
en deuil.—Oh! répondit la rivière, si toutes mes gouttes
d'eau étaient des larmes, je n'en aurais pas encore
assez pour pleurer Narcisse moi-même, tant je
l'aimais.—Bien sûr, dirent les fleurs, comment pouvait-
on ne pas aimer Narcisse, il était si beau!—Est-ce
qu'il était si beau? demanda la rivière.—Mais qui le
saurait mieux que vous, vous qui avez si souvent
reflété son visage quand il se penchait sur vos rives et
se mirait dans vos eaux?"

Wilde s'arrêtait, il faisait une longue pause, puis il
disait:

"Je l'aimais, répondait la rivière, parce que quand il
se penchait sur moi, je pouvais voir ma beauté dans
ses yeux."

Et toute une table se levait, ravie, et on invitait Wilde pour entendre l'histoire suivante.

Ses doctrines avaient, sur le Londres de ce temps-là, une influence immense. " La beauté avait existé avant 1880, mais ce fut Wilde qui lui fit faire son entrée dans le monde. Enflammés par ses traits ardents, les gens du monde jetaient leur acajou par les fenêtres et pillaient les antiquaires. Dans le coin de chaque chambre avait surgi un vase où se courbaient des plumes de paon. Le thé devenait froid pendant que les hôtes, stylés par Wilde, admiraient le dessin de leur tasse. Dans chaque bal, on voyait maintenant une douzaine de jeunes hommes à col de velours qui murmuraient des sonnets en se tordant les mains ; dans le métro, on entendait des employés de banque dire que le tunnel était beau jusqu'à Westminster mais pas de Sloane Square à Notting Hill."

La vieille Angleterre regardait avec horreur ces mœurs nouvelles et incroyables. On voyait des capitaines de foot-ball aux longs cheveux. Sur les routes, les premières bicyclettes portaient des femmes en pantalon. C'est vers ce temps-là qu'on vit aussi pour la première fois, au grand dégoût de tous les esprits vraiment fermes, paraître des orchestres dans les restaurants. Et toutes ces transformations démoniaques étaient en grande partie l'œuvre de Wilde.

Ses succès mondains n'avaient pas rendu sa vie plus facile. Ses amis lui assuraient, comme il disait, le champagne et le caviar ; c'était la chambre et le vêtement qui demeuraient des problèmes difficiles. Alors il se décida à épouser une Miss Constance Lloyd, jeune personne sans beauté, mais qui lui apportait les quelque cent livres par an nécessaires pour éviter la misère et pour maintenir autour de lui le décor qu'il jugeait indispensable. Sa doctrine s'était précisée. C'était, maintenant, celle de l'esthète pur, qui ne cherche dans la vie qu'un moyen de réaliser la beauté. Pour Ruskin, l'importance du beau venait de ce qu'il contient le bien. Pour Wilde, le bien est une platitude:

— Le vice et la vertu, disait-il, sont des matériaux pour l'art. Le monde n'est qu'une possibilité permanente de beauté. L'opinion de l'artiste est seule importante, même en matière de religion et de moralité. Cavaliers et puritains nous intéressent par leurs costumes, non par leurs convictions. L'art est une courageuse tentative pour remettre la vie à sa place. Ce n'est que par l'art que nous pouvons nous abriter des sordides périls de l'existence réelle. Il est beaucoup plus difficile d'écrire une belle chose que de la faire. Tout le monde peut faire de l'histoire, mais il faut un grand homme pour l'écrire.

Il y avait une certaine beauté et une abnégation véritable dans cet effacement de la personne réelle de l'artiste. C'est vers ce temps-là qu'il disait à André Gide:

— *Dear*, pardonnez-moi. Les *Nourritures Terrestres*, c'est très bien, mais n'écrivez plus jamais: "je." En art, voyez-vous, *dear*, il n'y a jamais de première personne.

L'attitude de la société anglaise à son égard était différente suivant les classes. Dans le monde, dans l'aristocratie, il était bien reçu. Cependant, même là, on reconnaissait qu'il était assez déplaisant. L'aspect physique repoussait malgré la très grande beauté du visage; il avait quelque chose de gras, d'huileux. Il avait l'air d'un empereur romain, mais d'un empereur romain de la décadence. Seulement on lui pardonnait beaucoup, d'abord, parce qu'il avait tant de charme, ensuite, parce qu'il partageait toutes les idées des classes gouvernantes. C'est si rassurant, un anarchiste luxueux. Il considérait que les masses doivent travailler pour nourrir tous ceux et celles qui créent de la beauté. Cela plaisait aux femmes bien habillées, mais les classes moyennes le détestaient, et les classes moyennes, en Angleterre, sont toutes-puissantes. Il y a des pays où ce n'est pas le cas.

"Pour bien comprendre la Russie, il faut avoir les yeux fixés sur ses paysans; pour comprendre le Japon, sur ses samouraïs. Pour bien comprendre l'Angleterre, il faut observer ses marchands[1]."

Elle a aussi des poètes, elle en a de très grands, mais ce qui est important, ce qui règne, c'est Mr John Bull, avec son chapeau haut de forme, ses vêtements confortables, son petit ventre et son crédit en banque. Saint Georges peut caracoler sur les monnaies, dans les discours, mais c'est Mr John Bull qui est au comptoir. C'est *Punch*, le journal humoristique, *Punch*, qui exprime parfaitement son esprit.

"Là, toutes les semaines, un homme tombe de cheval, un colonel manque une balle, une petite fille se trompe dans sa prière; là, toutes les semaines, les étrangers sont doucement raillés; là, toute originalité est condamnée; là, toutes les semaines, les classes

[1] E. M. Forster.

moyennes anglaises, un sourire sur leurs lèvres bien
rasées, s'admirent et mettent au pilori le reste de
l'humanité[1]."

Or, *Punch* s'était pris d'une horreur toute particulière
pour Oscar Wilde et le signalait, chaque semaine, à la
haine de ses lecteurs. Wilde choquait, chez l'Anglais
moyen, les sentiments les plus forts. Cette publicité
personnelle par l'extraordinaire du vêtement et des
manières, ne pouvait que déplaire à un peuple qui a
horreur du bruit, de la vanité, du souci de réussir.

— Mon devoir à moi, disait-il, c'est de terriblement
m'amuser et de faire une vie qui soit une œuvre d'art.

Et puis, il se croyait au-dessus des lois communes:
il avait tant de succès !

Car, en ce temps-là (ce temps-là, c'était vers 1891)
il avait cessé d'être ce qu'il avait été pendant un temps,
le brillant convive recherché, mais un peu comique, un
peu misérable aussi, pour devenir, avec une étonnante
rapidité, l'auteur à la mode, le romancier à succès et
même l'auteur dramatique le plus joué à Londres. Il
avait publié coup sur coup un volume de critique,
Intentions, livre remarquable, qui lui avait donné,
auprès des délicats, la réputation de grand écrivain.
Puis le beau *Portrait de Dorian Gray*, et puis des
pièces, des pièces écrites en trois semaines, légères
peut-être, irréelles, mais d'un grand artiste tout de
même par la merveilleuse unité de ton. L'esprit qu'il
donnait à ses personnages était facile dans son jeu
paradoxal, mais il s'en moquait lui-même avec beaucoup de grâce. Il avait l'art de dire des choses banales

[1] E. M. Forster.

sans aucune banalité, un peu comme Debussy, si vous voulez, qui s'empare d'un thème vulgaire, d'un thème de jazz nègre ou d'une sérénade italienne, et qui enroule autour d'eux son indolente et poétique fantaisie.

Le succès de ses pièces fut immense. Elles valaient surtout par le ton du dialogue, ton qui était celui de la conversation de Wilde. Je vous cite quelques répliques, parce qu'elles donnent l'idée en même temps et de son style d'auteur dramatique, et de son style de causeur.

— Les hommes se marient parce qu'ils sont fatigués, les femmes parce qu'elles sont curieuses et les deux sont désappointés.

— Les femmes nous aiment pour nos défauts; quand nous en avons assez, elles nous pardonnent tout, même l'intelligence.

— Les femmes laides sont jalouses de leur mari, les jolies femmes jamais; elles sont trop occupées à être jalouses des maris des autres.

— Les femmes sont un sexe purement décoratif; elles n'ont rien à dire, mais elles le disent d'une façon charmante.

C'est à ce dernier mot, peut-être, qu'il faudrait avoir recours pour résumer le charme du théâtre de Wilde : il n'avait pas grand'chose à dire, mais il le disait avec une grâce charmante.

En quelques années, il était devenu un des hommes les plus admirés, les plus heureux de l'Angleterre.

Extraits d'*Études Anglaises*.

X

Ariel

LA MÉTHODE DU DR KEATE

En 1809, le Roi George III d'Angleterre mit à la tête de l'aristocratique collège d'Eton le docteur Keate, petit homme terrible, qui considérait la bastonnade comme une station nécessaire sur le chemin de toute perfection morale, et qui terminait ses sermons en disant: "Soyez charitables, boys, ou je vous battrai jusqu'à ce que vous le deveniez."

Les gentlemen et les riches marchands dont il élevait les fils voyaient sans déplaisir cette pieuse férocité et tenaient pour singulièrement estimable un homme qui avait fouetté presque tous les premiers ministres, évêques et généraux du pays.

En ce temps-là, toute discipline sévère était approuvée par l'élite. La Révolution française venait de montrer les dangers du libéralisme quand il infecte les classes dirigeantes. L'Angleterre officielle, âme de la Sainte-Alliance, croyait combattre en Napoléon la philosophie couronnée. Elle exigeait de ses écoles publiques une génération sagement hypocrite.

Pour dompter l'ardeur possible des jeunes aristocrates d'Eton, une prudente frivolité organisait leurs études. Après cinq ans d'école, un élève avait lu deux fois Homère, presque tout Virgile, Horace expurgé, et pouvait composer de passables épigrammes latines sur Wellington ou Nelson. Le goût des citations était alors si parfaitement développé chez les jeunes gens de cette classe que Pitt, au Parlement, s'étant interrompu au milieu d'un vers de l'*Enéide*, toute la Chambre, Whigs et Tories, se leva et termina le vers. Bel exemple de culture homogène. Les sciences étaient facultatives, donc délaissées ; la danse obligatoire. Quant à la religion, Keate jugeait criminel d'en douter, inutile d'en parler. Le docteur redoutait le mysticisme beaucoup plus que l'indifférence. Il admettait les rires en chapelle et faisait assez mal observer le repos du dimanche. Il n'est pas inutile de dire ici, pour faire comprendre le machiavélisme, peut-être inconscient, de cet éducateur, qu'il ne détestait pas qu'on lui mentît un peu. "Signe de respect," disait-il.

Des coutumes assez barbares réglaient les rapports des élèves entre eux. Les "petits" étaient les *fags*, ou esclaves des "grands." Chaque fag faisait le lit de son suzerain, lui montait le matin l'eau de la pompe, brossait ses vêtements et ses souliers. Toute désobéissance était punie par des supplices convenables. Un enfant écrivait à ses parents, non pour se plaindre, mais pour raconter sa journée: "Rolls, dont je suis le fag, avait mis des éperons et voulait me faire sauter un fossé trop large. A chaque dérobade, il m'éperonnait. Naturellement ma cuisse saigne, mes 'Poètes Grecs' sont en bouillie, et mon vêtement neuf déchiré."

La boxe était en honneur. Un combat fut si violent qu'un enfant resta mort sur le plancher. Keate vint voir le cadavre et dit : "Ceci est regrettable, mais je tiens avant tout à ce qu'un élève d'Eton soit prêt à rendre coup pour coup."

Le but profond et caché du système était de former des caractères durs coulés dans un moule unique. L'indépendance des actions était grande, mais l'originalité des pensées, du costume ou du langage le crime le plus détesté. Un intérêt un peu vif pour des études ou des idées passait pour une affectation insupportable qu'il importait de corriger par la force.

Telle qu'elle était, cette vie était loin de déplaire au plus grand nombre des jeunes Anglais. L'orgueil de participer au maintien des traditions d'une école si ancienne, fondée par un roi et de tous temps voisine et protégée des rois, les payait bien de leurs souffrances. Seules quelques âmes sensibles souffraient longtemps. Par exemple, le jeune Percy Bysshe Shelley, fils d'un très riche propriétaire du Sussex et petit-fils de sir Bysshe Shelley, baronnet, ne semblait pas s'acclimater. Cet enfant d'une extrême beauté, aux yeux bleu vif, aux cheveux blonds bouclés, au teint délicat, montrait une inquiétude morale bien extraordinaire chez un homme de son rang et une incroyable tendance à mettre en question les Règles du Jeu.

Au moment de son arrivée à l'école, les capitaines de sixième année, voyant ce corps frêle, ce visage angélique et ces gestes de fille, avaient imaginé un caractère timide, qui demanderait peu de soins à leur autorité. Ils découvrirent vite que toute menace jetait aussitôt le jeune Shelley dans une résistance passionnée. Une volonté inébranlable, dans un corps trop peu vigoureux pour en appuyer les décrets, le prédestinait à la révolte. Ses yeux, d'une douceur rêveuse à l'état de repos, prenaient sous l'influence de l'enthousiasme ou de l'indignation un éclat presque sauvage.

La voix, à l'ordinaire grave et douce, devenait alors stridente et douloureuse.

Son amour des livres, son mépris des jeux, ses cheveux au vent, sa chemise ouverte sur un cou féminin, tout en lui choquait les censeurs chargés de maintenir dans cette petite société l'élégante brutalité dont elle était fière. Ayant jugé, dès son premier jour d'Eton, que la tyrannie exercée sur les fags était contraire à la dignité humaine, il avait refusé sèchement de servir, ce qui l'avait mis hors la loi.

On l'appelait "Shelley le fou." Les plus puissants des inquisiteurs entreprirent son salut par la torture, mais renoncèrent à l'attaquer en combat singulier, le trouvant capable de tout. Il se battait comme une fille, les mains ouvertes, giflant et griffant.

La chasse à Shelley, en meute organisée, devint un des grands jeux d'Eton. Quelques chasseurs découvraient l'être singulier lisant un poète au bord de la rivière et donnaient aussitôt de la voix. Les cheveux au vent, à travers les prairies, les rues de la ville, les cloîtres du collège, Shelley prenait la fuite. Enfin cerné contre un mur, pressé comme un sanglier aux abois, il poussait un cri perçant. A coups de balles trempées dans la boue, le peuple d'élèves le clouait au mur. Une voix criait: "Shelley! — Shelley!" reprenait une autre voix. Tous les échos des vieux murs gris renvoyaient des cris de: "Shelley!" hurlés sur un mode aigu. Un fag courtisan tirait les vêtements du supplicié, un autre le pinçait, un troisième s'approchait sans bruit et d'un coup de botte faisait glisser dans la boue le livre que Shelley serrait convulsivement sous son bras. Alors tous les doigts étaient pointés vers la victime, et un nouveau cri de: "Shelley! Shelley! Shelley!" achevait d'ébranler ses nerfs. La crise attendue par les tourmenteurs éclatait enfin, accès de folle fureur qui faisait briller les yeux de l'enfant, pâlir ses joues, trembler tous ses membres.

Fatiguée d'un spectacle monotone, l'école retournait à ses jeux. Shelley relevait ses livres tachés de boue, et, seul, pensif, se dirigeait lentement vers les belles prairies qui bordent la Tamise. Assis sur l'herbe ensoleillée, il regardait glisser la rivière. L'eau courante a, comme la musique, le doux pouvoir de transformer la tristesse en mélancolie. Toutes deux, par la fuite continue de leurs fluides éléments, insinuent doucement dans les âmes la certitude de l'oubli. Les tours massives de Windsor et d'Eton dressaient autour de l'enfant révolté un univers immuable et hostile, mais l'image tremblante des saules l'apaisait par sa fragilité.

Il revenait à ses livres; c'était Diderot, Voltaire, le système de M. d'Holbach. Admirer ces Français détestés par ses maîtres lui paraissait digne de son courage. Un ouvrage qui les résumait: La Justice politique de Godwin, était sa lecture favorite. Dans Godwin, tout paraissait simple. Si tous les hommes l'avaient lu, le monde aurait vécu dans un bonheur idyllique. S'ils avaient écouté la voix de la raison, c'est-à-dire de Godwin, deux heures de travail par jour auraient suffi pour les nourrir. La vraie philosophie aurait pris la place des terreurs superstitieuses. Hélas! les "préjugés" endurcissaient les cœurs.

Shelley fermait son livre, s'étendait au soleil au milieu des fleurs et méditait sur la misère des hommes. Des bâtiments moyenâgeux de l'école toute proche,

le murmure confus des voix de la sottise montait vers
ce charmant paysage de bois et de ruisseaux. Autour
de lui, dans la calme campagne, aucun visage moqueur
ne l'observait. L'enfant laissait enfin couler ses larmes
et, serrant avec force ses mains jointes, faisait à haute
voix cet étrange serment: "Je jure d'être sage, juste
et libre, autant qu'il sera en mon pouvoir. Je jure de
ne pas me faire complice, même par mon silence, des
égoïstes et des puissants. Je jure de consacrer ma vie
à la beauté...."

Si le Dr Keate avait pu être témoin d'un accès
d'ardeur religieuse si regrettable dans une maison
bien tenue, il eût certainement traité le cas par sa
méthode favorite.

QUOD ERAT DEMONSTRANDUM

Un mois environ après ces tristes vacances, MM.
Munday et Slatter, ces libraires d'Oxford auxquels
Mr Timothy avait recommandé les fantaisies litté-
raires de son fils, virent entrer le jeune Shelley,
cheveux au vent et chemise ouverte. Il portait sous
le bras un gros paquet de brochures. Il souhaitait
qu'elles fussent vendues six pence l'une, qu'on les
étalât bien en vue dans la vitrine, et d'ailleurs pour
être certain que celle-ci serait faite à son goût, il allait
la faire lui-même.

Aussitôt, écartant les libraires, il se mit au travail.
MM. Munday et Slatter, amusés, le regardaient s'agiter
avec la bienveillance paternelle et goguenarde que les
commerçants des villes d'Université témoignent aux

étudiants bien munis d'argent de poche. S'ils avaient mieux regardé, ils auraient été terrifiés par les chargements de matière explosible que leur jeune et aristocratique client entassait en piles élégantes dans leur honorable vitrine. Le titre des brochures était le plus scandaleux qu'on pût afficher dans une ville théologique et prude : *La Nécessité de l'Athéisme.* Elles étaient signées du nom inconnu de Jérémiah Stukeley, et si MM. Munday et Slatter les avaient feuilletées un seul moment, ils auraient été plus épouvantés encore par l'insolente logique de ce Stukeley imaginaire.

"Les sens sont l'origine de toute connaissance." C'est par cet axiome téméraire que commençait le pamphlet, qui, rédigé sous forme mathématique, prétendait démontrer l'impossibilité de l'existence de Dieu, et se terminait orgueilleusement par les trois lettres Q.E.D.: *quod erat demonstrandum.* A Shelley qui ne comprenait rien aux mathématiques, cette formule magique était toujours apparue comme une moderne incantation pour évoquer la Vérité. Bien qu'il crût avec une ardeur fervente à un Esprit de bonté universelle, créant et gouvernant toute chose, à la vie future, à toute une théologie personnelle de "Vicaire Savoyard" anglican, le mot "athée" lui plaisait par sa violence. Il aimait à le lancer à la face des bigots. Il relevait ce nom, qu'on lui avait jeté jadis à Eton, comme le Chevalier relève un gant. Au courage physique et au courage moral que possède tout bon Anglais, il prétendait ajouter le courage intellectuel: le danger était grand, le scandale certain. Mais le lierre inconstant s'enlaçait autour du pin voisin, et l'Intolérance devait être châtiée.

La Nécessité de l'Athéisme avait paru depuis vingt minutes seulement quand le Révérend John Walker, homme d'un aspect sinistre et inquisiteur, répétiteur officieux d'un collègue médiocre, passa devant la boutique et regarda la vitrine. "Nécessité de l'Athéisme! Nécessité de l'Athéisme! Nécessité de l'Athéisme!" lut le Révérend John Walker qui, surpris, offensé, indigné, pénétra dans la librairie et dit avec autorité :

— Monsieur Munday! Monsieur Slatter, que signifie ceci ?

— Ma foi, Sir, ma foi, nous n'en savons rien. Nous n'avons pas examiné la publication personnellement....

— *Nécessité de l'Athéisme.* Ce titre seul aurait dû vous dire....

— Certainement, Sir. Maintenant que notre attention a été attirée sur ce titre....

— Maintenant que votre attention a été attirée, Monsieur Munday et Monsieur Slatter, vous aurez l'obligeance de faire disparaître immédiatement tous ces exemplaires de votre vitrine et tous autres que vous pouvez posséder, de les emporter dans votre cuisine et de les brûler dans votre poêle.

Mr Walker n'avait aucune autorité légale pour donner de tels ordres. Mais les libraires savaient qu'il lui suffirait de se plaindre pour faire interdire leur magasin aux étudiants. Ils s'inclinèrent avec un sourire obséquieux, et envoyèrent le commis de la librairie prier le jeune Mr Shelley de venir leur parler.

— Nous sommes désolés, Mr Shelley, mais en vérité il nous était impossible de faire autrement.

Mr Walker y tenait absolument, et dans votre propre
intérêt....

Mais ce propre intérêt était ce qui préoccupait le
moins Shelley. De sa voix aiguë, pressante, il main-
tint devant les libraires inquiets son droit de penser
et de communiquer ses pensées à d'autres.

— D'ailleurs, leur dit-il, j'ai fait mieux que de tendre
mes appeaux devant les vieux oiseaux aveugles d'Oxford. J'ai envoyé un exemplaire de la *Nécessité de
l'Athéisme* à tous les évêques anglais, au Vice-
Chancelier et aux maîtres des collèges, avec les
compliments de Jérémiah Stukeley, de mon écriture
non déguisée.

Quelques jours plus tard, un appariteur vint dans
la chambre de Hogg prier Mr Shelley, avec les compliments du Doyen, de se présenter aussitôt devant
celui-ci. Il descendit dans la salle de réunion du collège, où il trouva réunies toutes les autorités du lieu.
C'était un petit groupe de maîtres à la fois érudits et
puritains, exemplaires sans fantaisie du christianisme
athlétique et classique, qui presque tous détestaient
depuis longtemps le jeune Shelley, à cause de ses
cheveux longs, de son étrange façon de s'habiller et
de son goût vraiment vulgaire pour les expériences
scientifiques.

Le Doyen lui montra un exemplaire de la *Nécessité
de l'Athéisme*, et lui demanda s'il en était l'auteur.
Comme l'homme parlait d'une voix rude et insolente,
Shelley ne répondit pas.

— Etes-vous, oui ou non, l'auteur de ce livre ?

— Si vous pouvez le prouver, produisez vos témoignages. Il n'est ni juste, ni légal de m'interroger de cette façon. Ce sont des procédés d'inquisiteur, non d'hommes libres dans un pays libre.

— Niez-vous que ceci soit votre œuvre ?

— Je ne répondrai pas.

— Dans ce cas, vous êtes expulsé, et je désire que vous quittiez ce collège demain matin au plus tard.

Une enveloppe scellée du sceau du collège lui fut tendue aussitôt par l'un des assesseurs. Elle contenait la sentence d'expulsion.

Shelley courut à la chambre de Hogg, se laissa tomber sur le divan et répéta en tremblant de rage : "Expulsé ! Expulsé !" Ses dents claquaient. La punition était terrible. C'était l'interruption de toutes ses études, l'impossibilité de les recommencer dans une autre Université, la privation certaine de cette belle vie calme qu'il aimait, la fureur durable et bouffonne de son père. Hogg lui-même fut indigné. Emporté par une imprudente générosité, il écrivit sur le champ une note exprimant son chagrin et son étonnement qu'un tel traitement ait pu être infligé à un tel gentleman. Il espérait que la sentence ne serait pas définitive.

Le domestique fut chargé de remettre ce message au tribunal qui était encore réuni. Il revint immédiatement apporter à Hogg les compliments du Doyen et l'ordre de descendre. L'audience fut courte. "Avez-vous écrit ceci ?" C'était la note que Hogg venait d'envoyer, et il la reconnut.

— Et ceci ?

Avec une grande force et des habiletés de vieil

avocat, Hogg expliqua l'absurdité de la question, l'injustice d'avoir condamné Shelley, l'obligation où se trouvait tout homme conscient de ses droits....

— Bien, vous êtes expulsé, dit le juge d'une voix furieuse.

Il était évidemment d'humeur à expulser ce soir-là tout le collège, et Hogg reçut à son tour une enveloppe cachetée.

Dans l'après-midi, une affiche fut placée aux portes du Hall. Elle donnait les noms des deux coupables et annonçait qu'ils étaient publiquement chassés, pour avoir refusé de répondre aux questions qui leur étaient posées.

PREMIÈRE RENCONTRE DE SHELLEY ET DE BYRON

La première apparition de Byron ne déçut pas les Shelley. La beauté de ce visage était saisissante. Ce qui frappait d'abord était un air de fierté et d'intelligence, puis une pâleur de clair de lune sur laquelle ressortaient avec un éclat de velours les grands yeux animés et sombres, les cheveux noirs un peu bouclés, la ligne parfaite des sourcils. Le nez et le menton étaient d'un dessin ferme et gracieux. Le seul défaut de ce bel être apparaissait quand il marchait. Pied bot, disait-on ; pied fourchu, insinuait Byron, qui aimait à se croire diabolique plutôt qu'infirme. Mary remarqua tout de suite que cette claudication lui donnait une grande timidité ; chaque fois qu'il avait dû faire quelques pas devant des spectateurs, il lançait une phrase satanique. Sur le registre de l'hôtel, en face du mot "âge," il écrivit "cent ans."

Les deux hommes furent contents l'un de l'autre; Byron trouvait en Shelley un homme de sa classe qui, malgré une vie difficile, avait conservé l'aisance charmante des jeunes gens de bon sang. La culture de cet esprit l'étonna; lui-même avait beaucoup lu, mais sans cet extraordinaire sérieux. Shelley avait voulu connaître, Byron éblouir, et Byron s'en rendait très bien compte. Il sentit aussi tout de suite que la volonté de Shelley était une force pure et tendue alors que lui-même flottait au gré de ses passions.

Shelley, modeste, ne vit pas cette admiration que Byron dissimulait avec grand soin. Pour lui, en écoutant le troisième chant de *Childe Harold*, il fut ému et découragé. Dans cette force, ce rythme puissant, dans ce mouvement de flot irrésistible et montant, il reconnut le génie et désespéra de l'égaler.

Mais si le poète l'enthousiasma, l'homme l'étonna beaucoup. Il attendait un Titan révolté; il trouva un grand seigneur blessé, très attentif à ces joies et souffrances de vanité qui semblaient à Shelley si puériles. Byron avait bravé les préjugés, mais il y croyait. Il les avait rencontrés sur le chemin de ses désirs et avait passé outre, mais à regret. Ce que Shelley avait fait naïvement, il l'avait fait consciemment. Chassé du monde, il n'aimait que les succès mondains. Mauvais mari, il ne respectait que l'amour légitime. Il tenait des propos cyniques, mais par représailles, non par conviction. Entre la dépravation et le mariage, il ne concevait pas d'état moyen. Il essayait de terrifier l'Angleterre en jouant un rôle audacieux, mais c'était par désespoir de n'avoir pu la conquérir dans un emploi traditionnel.

Shelley cherchait dans les femmes une source d'exaltation, Byron un prétexte de repos. Shelley angélique, par trop angélique, les vénérait ; Byron humain, par trop humain, les désirait et tenait sur elles les discours les plus méprisants. Il disait : " Ce qu'il y a de terrible dans les femmes, c'est qu'on ne peut vivre ni avec elles, ni sans elles." Et aussi : "Mon idéal est une femme qui ait assez d'esprit pour comprendre qu'elle doit m'admirer, mais pas assez pour souhaiter être admirée elle-même." Le résultat de quelques conversations fut surprenant : Shelley, mystique sans le savoir, choqua Byron, Don Juan malgré lui.

Cela ne les empêcha pas d'être l'un pour l'autre une précieuse société. Quand son ami, toujours grand pêcheur d'âmes, s'efforçait de le convertir à une conception moins futile de la vie, Byron se défendait par de brillants paradoxes que Shelley artiste goûtait aussi vivement que Shelley moraliste les réprouvait. Tous deux aimaient le bateau à la folie. Ils en achetèrent un à frais communs et tous les soirs s'embarquèrent avec Mary, Claire et le jeune médecin Polidori. Byron et Shelley, silencieux, laissaient pendre leurs rames, et poursuivaient parmi les nuages et les reflets de la lune les images fugitives ; Claire chantait et sa belle voix entraînait la pensée dans un vol voluptueux au-dessus des eaux étoilées.

Un soir de grand vent Byron, défiant la tempête, annonça un chant albanais : " Soyez sentimentaux, dit-il, et donnez-moi toute votre attention." Il poussa

un cri rauque et prolongé, puis éclata de rire. Mary et
Claire, à partir de ce jour, le baptisèrent "l'Albanais,"
et par abréviation "Albé."

Shelley et Byron firent ensemble un pèlerinage
littéraire autour du lac. Ils visitèrent les lieux où
Rousseau avait placé *la Nouvelle Héloïse*: Clarens
"le doux Clarens, berceau de tout amour vraiment
passionné," le Lausanne de Gibbon, le Ferney de
Voltaire. L'enthousiasme de Shelley se communiqua
à Byron qui écrivit sous cette influence quelques-uns
de ses plus beaux vers. Près de la Meillerie, un des
violents orages du lac de Genève faillit faire chavirer
le bateau. Déjà Byron se déshabillait. Shelley, qui
ne savait pas du tout nager, resta impassible, les bras
croisés. Son courage augmenta l'estime de Byron,
mais celle-ci demeura plus silencieuse que jamais.

ARIEL DÉLIVRÉ

Ce début de juillet avait été d'une chaleur suffo-
cante, "le soleil d'Italie au rire impitoyable." Les
paysans avaient dû cesser de travailler dans les champs
au milieu du jour. L'eau manquait et partout des
processions de prêtres, portant les images saintes,
imploraient du ciel un peu de pluie.

Le matin du 8, Shelley arriva avec Trelawny, alla à
la banque, fit de nombreux achats dans les magasins
pour l'approvisionnement de Casa Magni, puis les
trois amis se dirigèrent ensemble vers le port. Trelawny, avec son *Bolivar*, voulait accompagner l'*Ariel*.
Le ciel se couvrait peu à peu et une brise légère
soufflait dans la direction de Lerici. Le capitaine

Roberts dit qu'il y aurait bientôt un orage. Williams, qui avait hâte de partir, affirma qu'en sept heures ils seraient arrivés.

A midi, Shelley, Williams et leur mousse étaient à bord de l'*Ariel*; Trelawny, à bord du *Bolivar*, faisait ses préparatifs. Le bateau du garde-port les accosta pour vérifier leurs papiers : "Barchetta Don Juan? Capitaine Percy Shelley? Cela va bien." Trelawny, qui n'avait pas son certificat sanitaire, essaya de passer outre : l'officier le menaça de quinze jours de quarantaine. Il offrit d'aller se mettre rapidement en règle, mais Williams ne tenait plus en place. D'ailleurs ils n'avaient pas de temps à perdre; il était deux heures; il y avait peu de vent et ils arriveraient à grand'peine à la nuit tombante.

L'*Ariel* sortit presque en même temps que deux felouques italiennes. Trelawny mécontent se remit à l'ancre, fit amener ses voiles et avec une longue-vue suivit des yeux le bateau de ses amis. Son pilote génois lui dit: "Ils auraient dû partir ce matin, à trois ou quatre heures...ils se tiennent trop à la côte; le courant les y fixera."

— Ils auront bientôt le vent de terre, dit Trelawny.

— Ils en auront peut-être beaucoup trop, dit le Génois; cette voilure sur un bateau sans pont, et sans un marin à bord, c'est une folie!...Regardez ces lignes noires là-bas, et les chiffons sales qui passent au-dessus, et cette fumée sur l'eau. Le Diable prépare un de ses tours.

Du bout de la jetée le capitaine Roberts, lui aussi, observait l'*Ariel*; quand il le perdit de vue, il monta sur le phare et vit l'orage s'avancer vers le petit bateau qui bientôt amena une partie de sa voilure ; puis les nuages le cachèrent complètement.

Dans le port l'air était devenu brûlant et irrespirable : une sorte de calme pesant paraissait solidifier l'atmosphère. Trelawny accablé descendit dans sa cabine et, malgré lui, s'endormit. Au bout d'un instant, il fut réveillé par un bruit de chaînes ; les matelots mouillaient une nouvelle ancre. Dans tout le port c'était l'agitation qui précède la tempête ; on amenait des voiles et des mâts, on arrimait des câbles, des ancres grinçaient. Il faisait très noir. La mer était unie et sombre comme un bloc de plomb ; des bouffées de vent la parcouraient sans la rider et de larges gouttes de pluie rebondissaient sur sa surface. Des barques de pêche passèrent à toute vitesse, dans un grand désordre ; on entendait des coups de sifflet, des ordres, des cris. Soudain un coup de tonnerre formidable couvrit tous les bruits humains.

Quand quelques heures plus tard le ciel se fût éclairci, Trelawny et Roberts explorèrent longuement tout le golfe de leurs longues-vues ; il n'y avait plus sur la mer un seul bateau.

De l'autre côté du golfe, les deux femmes attendaient des nouvelles. Mary était inquiète et mélancolique ; cet été si chaud l'effrayait. C'était par un tel temps que son petit William était mort et elle regardait son bébé avec inquiétude. Il allait bien et buvait joyeusement mais elle, sur cette terrasse, devant le plus beau paysage du monde, ne pouvait s'empêcher de se sentir accablée de tristesse. Sans raison, ses yeux se remplissaient de larmes : "Enfin, pensait-elle, quand lui, quand mon Shelley reviendra, je serai heureuse, il me consolera; si son boy est malade, il le guérira et m'encouragera."

Le lundi, Jane eut une lettre de son mari, datée du samedi: il disait Shelley toujours retenu à Pise: "S'il n'est pas ici lundi, je viendrai seul dans une felouque; attendez-moi lundi au plus tard." Le jour où cette lettre arriva était celui de l'orage. Mary et Jane, voyant la mer démontée, ne pensèrent pas une minute que l'*Ariel*, si fragile, eût pris la mer. Le mardi, il plut toute la journée, une pluie douce, monotone, sur une mer très calme. Le mercredi le vent souffla de Livourne et plusieurs felouques arrivèrent. Le patron de l'une d'elles dit que l'*Ariel* était parti le lundi, mais Mary et Jane ne le crurent pas. Jeudi, le vent fut de nouveau bon, les deux femmes ne quittèrent pas la terrasse: à chaque minute, elles croyaient voir les hautes voiles du petit bateau doubler le cap. A minuit, elles étaient encore sur la terrasse et, inquiètes, se demandaient si quelque maladie ne retenait pas leurs maris à Livourne. Comme la nuit avançait, Jane devint si malheureuse qu'elle décida de fréter un bateau le lendemain matin; mais l'aube vit une mer démontée, et les bateliers refusèrent de faire le voyage. A midi des lettres arrivèrent; il y en avait une de Hunt pour Shelley. Mary l'ouvrit en frissonnant. Elle disait: "Écrivez-nous comment vous êtes rentré, car il a fait mauvais temps lundi après votre départ et nous sommes inquiets."

La lettre tomba des mains de Mary qui se mit à trembler. Jane la ramassa, lut à son tour et dit: "Alors, tout est fini."

— Non, ma chère Jane, tout n'est pas fini; mais cette attente est horrible. Venez avec moi. Allons à Livourne. Allons en poste pour faire plus vite et sachons notre sort.

La route de Lerici à Livourne passait par Pise; elles s'arrêtèrent un instant chez Lord Byron pour demander s'il avait des nouvelles. Elles frappèrent à la porte; une servante italienne cria: "Chi è" car il était déjà tard, puis leur ouvrit. Byron était couché, mais la comtesse Guiccioli, souriante, descendit à leur rencontre. En voyant l'aspect terrifiant du visage de Mary, blanche comme un marbre, elle s'arrêta étonnée.

— Where is he? Sapete alcuna cosa di Shelley? dit Mary. Byron qui suivait sa maîtresse, ne savait rien, seulement que Shelley avait quitté Pise le dimanche et s'était embarqué le lundi, par mauvais temps.

Refusant de se reposer, les deux femmes partirent pour Livourne; elles y arrivèrent à deux heures du matin. Leur cocher les amena à une auberge où elles ne trouvèrent ni Trelawny, ni le capitaine Roberts. Elles se jetèrent habillées sur des lits et attendirent le jour. A six heures du matin, elles coururent toutes les auberges de Livourne. A celle du Globe, elles trouvèrent Roberts qui descendit avec un visage bouleversé, et elles surent par lui tout ce qui s'était passé pendant cette horrible semaine.

Cependant il restait un espoir. L'*Ariel* pouvait avoir été poussé par la tempête vers la Corse ou l'île d'Elbe. Elles envoyèrent un courrier faire le tour du golfe pour demander de village en village si l'on avait trouvé quelque épave, et à neuf heures du matin repartirent pour Casa Magni. Trelawny les accompagna.

En passant à Viareggio, on leur apprit qu'on avait trouvé sur la plage un petit canot et un tonneau. Trelawny alla voir, c'était bien le canot minuscule de l'*Ariel*. Mais peut-être le canot, encombrant par mauvais temps, avait-il été jeté par-dessus bord. Quand Jane et Mary arrivèrent à Casa Magni, c'était la fête du village. Toute la nuit, le bruit des danses et des chants les tint éveillées.

Cinq à six jours plus tard, Trelawny, qui avait promis une récompense à ceux des garde-côtes qui lui fourniraient quelque information, fut appelé à Viareggio où un corps avait été trouvé sur la plage. C'était un cadavre affreux à voir, car toutes les parties non protégées par les vêtements avaient été déchiquetées par les poissons. Mais la silhouette haute et fragile était trop familière à Trelawny pour que le doute fût possible. Dans une des poches du veston, il trouva un Sophocle; dans l'autre, un volume de Keats, placé dans la poche, encore ouvert comme si le lecteur, interrompu seulement par la tempête, avait dû précipitamment le mettre de côté. Presque en même temps le corps de Williams et celui du marin furent jetés sur la côte, non loin du même point, plus mutilés encore. Trelawny les fit enterrer dans le sable pour les préserver des vagues et galopa vers Casa Magni.

Sur le seuil de la maison, il s'arrêta. On ne voyait personne, une lampe brûlait. Peut-être les deux veuves se disaient-elles encore quelque raison d'espérer. Trelawny pensa à sa dernière visite. Alors les deux familles étaient réunies dans la vérandah au-dessus d'une mer calme qui reflétait les étoiles. Williams avait crié "Buona notte!" et Trelawny, à travers la baie, avait ramé jusqu'au *Bolivar* tandis qu'au loin Jane chantait en s'accompagnant de sa guitare. Puis la voix perçante de Shelley avait fait trembler l'air tranquille. Longtemps il avait écouté avec bonheur ce bruit joyeux d'une famille heureuse.

Un cri interrompit sa rêverie. La nourrice Caterina, en traversant le hall, l'avait aperçu sur le seuil. Alors il monta et, sans se faire annoncer, entra dans la chambre où se tenaient Mary et Jane. Il ne dit pas un mot. Les grands yeux noisette de Mary Shelley le fixèrent avec une incroyable intensité. Elle poussa un cri: "Il n'y a plus d'espoir?" Trelawny, sans répondre, sortit de la chambre et dit à la nourrice d'amener les enfants aux deux mères.

Mary aurait désiré que Shelley fût enterré près de son fils, dans ce cimetière de Rome qu'il avait trouvé si beau, mais les règlements sanitaires ne permettaient pas de transporter un cadavre rejeté par les flots. Trelawny suggéra de brûler les deux corps sur la plage, à la manière des anciens Grecs. Quand un jour eut été fixé pour cette cérémonie, il fit prévenir Byron et Hunt et vint lui-même sur le *Bolivar*. Les autorités toscanes avaient fourni une escouade de soldats en tenue de corvée, munis de pelles et de pics.

Le corps de Williams fut exhumé le premier. Debout sur le sable brûlant, ses amis regardaient travailler les soldats et guettaient avec un mélange de tristesse, d'horreur et de curiosité, l'apparition du premier débris humain.

Un haut bûcher de pin avait été préparé. Trelawny

en approcha une torche et la grande flamme résineuse monta dans l'air immobile. La chaleur fut vite si vive que les spectateurs durent s'éloigner. Les os, en brûlant, donnèrent à la flamme un éclat d'argent d'une délicieuse pureté ; quand elle fut un peu moins violente, Byron et Hunt se rapprochèrent et jetèrent sur le lit funèbre de l'encens, du sel et du vin.

— Allons, dit Byron brusquement, essayons la force de ces eaux qui ont noyé nos amis....A quelle distance de la rive étaient-ils quand leur bateau a coulé ?

Sans doute à ce moment se mêlait à sa mélancolie la douce conviction que Lord Byron, qui avait traversé l'Hellespont à la nage, ne se fût pas laissé engloutir par cette mer aux courtes vagues. Il se déshabilla, sauta dans l'eau et s'éloigna rapidement. Trelawny et Hunt le suivirent. Du large, le bûcher ne fut plus sur la plage qu'une petite tache scintillante.

Le lendemain, ce fut le tour de Shelley qui avait été enseveli dans le sable, plus près du bourg de Viareggio, entre la mer et un bois de pins.

Le temps était admirable. Sous la lumière crue, le sable jaune vif et la mer violette formaient le plus beau des contrastes. Au-dessus des arbres, les blancs sommets des Apennins dessinaient un de ces fonds à la fois nuageux et marmoréens que Shelley avait tant admirés.

Beaucoup d'enfants du village étaient venus voir ce spectacle rare, mais un silence respectueux fut observé. Byron lui-même était pensif et abattu. " Ah ! volonté de fer, pensait-il, voilà donc ce qui reste de tant de courage....Tu as défié Jupiter, Prométhée....Et te voici...."

Les soldats creusaient sans retrouver le corps. Soudain, un son dur et creux les avertit qu'un pic avait frappé le crâne. Byron frissonna. Brusquement il pensa à Shelley dans cette tempête du Lac de Genève où ils s'étaient trouvés ensemble ; ces bras croisés, héroïques et impuissants, lui parurent un symbole assez juste de cette belle vie : " Que le monde s'est trompé en le jugeant....L'homme le meilleur, le moins égoïste que j'aie connu....Et quel gentleman ! Le plus parfait peut-être qui ait jamais traversé un salon !"

Le corps avait été recouvert de chaux qui l'avait presque entièrement calciné. De nouveau l'encens, l'huile et le sel furent répandus sur la flamme et le vin coula à flots. La chaleur faisait trembler l'air. Au bout de trois heures, le cœur qui était d'une taille extraordinaire, n'était pas encore consumé : Trelawny plongea sa main dans la fournaise et en retira cette relique. Le crâne, qui avait été fendu par le pic d'un soldat, s'ouvrit et la cervelle y bouillonna longtemps, comme dans un chaudron.

Byron ne put supporter ce spectacle. Comme la veille, il sauta nu dans l'eau et nagea jusqu'au *Bolivar* qui était ancré dans la baie. Trelawny recueillit les cendres et les ossements blanchis dans une urne de chêne doublée de velours noir qu'il avait apportée. Les enfants du village, qui le regardaient avec curiosité, se racontaient les uns aux autres qu'en portant ces débris en Angleterre, les morts renaissent de leurs cendres.

Extraits d'*Ariel*.

XI

Les Byron de Newstead

Dans la magique forêt de Sherwood près de Nottingham, quelques moines en robe noire, chanoines réguliers
de Saint Augustin, vinrent errer parmi les chênes. Le
roi Henry II d'Angleterre, menacé d'excommunication
pour le meurtre de Thomas Becket, avait promis au
Pape de faire pénitence et de doter des monastères.
Un site fut choisi dans un vallon près d'une source et
d'un étang. Les arbres tombèrent pour la gloire de
Dieu et le salut de l'âme du Roi. Une grande étendue
de terrain fut défrichée. Les pierres grises dessinèrent
des ogives, des rosaces, un cloître petit, mais gracieux.
Le charme d'un paysage d'eaux et de forêts tempérait
la sévérité monastique. L'abbaye avait été dédiée à la
Vierge et avait reçu le nom de Newstead, le nouveau
lieu, Sancta Maria Novi Loci.

La règle de l'Ordre était simple. Il était interdit
aux moines de rien posséder en propre ; ils devaient
aimer Dieu et leur prochain, vaincre la chair par le
jeûne, ne rien faire qui pût donner offense et ne pas
regarder les femmes. En outre ils distribuaient aux
pauvres des aumônes annuelles en souvenir de leur
Fondateur.

Pendant trois siècles, les abbés de Newstead se
succédèrent sur les bords de l'étang. Puis les temps
devinrent plus durs et la piété des fidèles plus avare.
Le goût du savoir se répandit ; les dons des souverains

allèrent aux Collèges, aux Universités, aux Hôpitaux.
La communauté née du remords d'un roi fut menacée
par le caprice d'un roi. "Madame Anne Boleyn n'était
pas une des plus jolies filles du monde. Elle avait le
teint noir, un long cou, une grande bouche, et une
poitrine tombante, rien pour elle en somme que le
désir du Roi et ses yeux, qui étaient noirs et beaux."
Elle fut pourtant la cause d'un grand schisme. Henry
VIII demanda au Pape d'annuler la bulle qui avait
autorisé son mariage avec Catherine d'Aragon. Le
Pape refusa. Les lords du parti des Boleyn dirent au
Roi qu'il pouvait, en répudiant l'autorité pontificale,
satisfaire à la fois son amour et son amour de l'argent.

Un acte confisqua au profit de la couronne toutes
les maisons religieuses qui ne possédaient pas au moins
deux cents livres de revenu. Des magistrats religieux
et fiscaux commencèrent une visitation des monastères.
La loi, toujours respectée en ce pays, exigeait que l'on
obtînt des moines une "renonciation volontaire." Le
Docteur London devint célèbre pour son adresse à
incliner rapidement les volontés. Dès que l'acte était
signé, le Roi prenait possession de l'abbaye, vendait ce
qu'elle pouvait contenir et donnait le domaine à un
grand seigneur dont il assurait ainsi la fidélité à la
nouvelle église. La vente, qui ruinait les moines, n'en-
richissait guère le Roi. Les manuscrits étaient achetés
par les épiciers, pour leurs cornets. "Vieux livres dans
le chœur; six deniers." Tel était l'inventaire d'une
bibliothèque Quant aux clercs dépouillés, certains
d'entre eux recevaient une "capacité," c'est-à-dire
l'autorisation d'exercer le ministère séculier, les autres
une pension de quelques shillings ; presque tous

quittèrent le pays et gagnèrent l'Irlande, l'Écosse ou les Flandres. "Ainsi l'Église devint une proie pour les vautours, ces oiseaux de carnage se parant de ses belles plumes."

A Newstead, le Docteur London fit signer l'acte de renonciation le 21 juillet 1539, par John Blake, prieur, et onze autres chanoines, le prieur recevant vingt-six livres de pension et chacun des autres trois livres, six shillings et huit deniers. Avant de partir, les moines jetèrent dans le lac leur charte de fondation et un lutrin surmonté d'un aigle de cuivre, qu'ils avaient pu soustraire aux soldats du Docteur. Puis ils s'éloignèrent. Personne, sous les ifs de Newstead, ne pria plus pour l'âme des rois. Déjà la tête de Madame Anne Boleyn, couronnée de cheveux noirs, avait été tranchée par le bourreau. Les paysans, qui n'avaient pas vu sans regrets partir les moines, pensèrent que ceux-ci hanteraient désormais les cellules vides et que l'abbaye porterait malheur à ceux qui oseraient la racheter. Un an plus tard, le Roi Henry VIII vendit le monastère pour huit cents livres à son fidèle sujet Sir John Byron, qui était connu sous le nom du "Petit Sir John à la Grande Barbe."

Ce Byron, qui succédait ainsi aux chanoines de Newstead, était le chef d'une des plus anciennes familles du comté. Les Byron, ou Burun, venus de Normandie avec le Conquérant, s'étaient distingués aux Croisades, puis au siège de Calais, et possédaient de grandes terres, non seulement autour de Nottingham, mais aussi à Rochdale et Clayton, dans le Lancashire. Leur devise était *Crede Biron*, "Confiance en Biron," car ils écrivaient ainsi leur nom, à la française, étant

parents des Marquis de Biron. Sir John le Petit à la
Grande Barbe transforma l'abbaye gothique en un
château crénelé et ses descendants s'attachèrent à cette
demeure. Cent ans plus tard l'un d'eux, fidèle ami de
Charles Ier Stuart, commanda un régiment de cavalerie
dans les guerres civiles avec autant de courage que
d'imprudence, chargea trop tôt à Edgehill, puis de
nouveau à Marsten Moor, et pour cette double erreur fut
fait pair du royaume et Lord Byron de Rochdale, tandis
que le Prince Rupert notait dans son journal : " Par
la charge maladroite de Lord Byron, beaucoup de mal
fut causé." Mais la constance du nouveau lord valait
mieux que sa stratégie. Il n'abandonna jamais le
parti du Roi. Newstead fut assiégé par les Parlementaires ; le soufre et le plomb fondu arrosèrent les vieux
murs ; les miroirs d'eau qui avaient réfléchi les sons
des hymnes et des psaumes renvoyèrent aux forêts les
cris des mourants, les claquements des mousquets, les
appels des trompettes. Après le triomphe de Cromwell,
Lord Byron escorta en France Charles II Stuart et
son loyalisme ne se démentit pas car sa femme, Lady
Byron, fut (nous apprend Mr Pepys) la dix-septième
maîtresse du roi en exil.

Cependant autour de l'abbaye la forêt, lentement,
faisait place aux champs cultivés, aux fermes, aux
villages. D'immenses troupeaux de daims vivaient
parmi les chênes. Le domaine des Byron n'était plus
isolé ; d'autres riches familles avaient fait construire
des maisons dans ces campagnes. La plus belle et la
plus proche était Annesley, où habitaient les Chaworth,
et que reliait à Newstead une longue allée de chênes,
dite Allée Nuptiale, car les deux familles étaient unies,

le troisième Lord Byron ayant épousé Elizabeth, fille du Vicomte Chaworth. Ce troisième Lord Byron, qui vivait à la fin du XVIIᵉ siècle, était plus qu'à demi ruiné. Le temps avait confirmé les prédictions faites au moment de la vente de l'abbaye ; un moine fantôme, en capuchon noir, errait la nuit dans les couloirs voûtés et le destin de cette race n'était pas heureux. Le quatrième Lord eut deux fils qui fixèrent à tout jamais la sombre légende des Byron, car l'aîné, cinquième Lord Byron, fut jugé pour meurtre par ses pairs et le cadet, marin, devint l'amiral le plus malchanceux du royaume.

En 1764, le capitaine de frégate Byron reçut l'ordre de faire, sur le vaisseau le *Dauphin*, un voyage de découvertes autour du monde. Il traversa le détroit de Magellan, revit la Patagonie et acheva son tour du monde avec une telle rapidité qu'il ne découvrit aucune terre, hors les Iles du Désappointement. "En fait, dit son biographe, il y avait tant de terres inconnues à découvrir sur sa route qu'il dut avoir grand'peine à les éviter." A son retour, cet explorateur discret fut nommé gouverneur de Terre-Neuve, puis amiral, et commanda en 1778, pendant les guerres américaines, une flotte chargée d'arrêter celle, française, du Comte d'Estaing. L'Amiral Byron mit à la mer une première fois et rencontra une tempête, qui coula un de ses vaisseaux et en désarma plusieurs autres. Une seconde fois, il trouva d'Estaing mais, fidèle aux traditions de sa famille, attaqua trop tôt et fut battu. Après cela on ne lui confia plus de commandement et il mourut, vice-amiral, en 1786.

L'Amiral Byron avait eu deux fils. L'aîné John,

(père de notre héros) fut soldat ; le second, Georges Anson, marin. John avait fait ses études dans une académie militaire française. Il entra aux Gardes, servit, presque enfant encore, dans les guerres d'Amérique, mérita par la violence de son caractère, l'étrangeté de ses actions et le chiffre de ses dettes le surnom de Jack le Fou et, en revenant à Londres, à vingt ans, fit la conquête de la Marquise de Carmarthen, jeune femme d'une grande beauté. Le mari, Lord Carmarthen, futur Duc de Leeds, chambellan du Roi, était un homme doux et cultivé. Sa femme préféra sans doute la folie du jeune Byron car, dès qu'elle fut, par la mort de son père, devenue Baronne Conyers et héritière de quatre mille livres de rente, elle s'enfuit avec son amant, abandonnant le chambellan et trois enfants. Lord Carmarthen demanda le divorce et l'obtint.

Le jeune couple vécut quelque temps dans le château d'Aston Hall, maison qui appartenait à Lady Conyers, puis alla en France pour fuir à la fois les mauvaises langues et les créanciers. Lady Conyers y mit au monde une fille, l'Honorable Augusta Byron, et mourut, en 1784, des mauvais traitements de son mari, dirent à Londres les gens du monde, d'une imprudence, dirent les Byron. Avec elle disparaissait sa pension, qui était viagère.

Extrait de *Byron*.

NOTES

P. 2. **blindage,** espèce de cuirasse, s'emploie surtout à propos de vaisseaux ou de travaux militaires—ici, au figuré.

juriste, du latin *jus, juris,* celui qui s'occupe de la loi.

Einstein, physicien allemand, né à Ulm en 1879; auteur d'une théorie de la relativité du temps qui modifie la théorie newtonienne de la gravitation universelle (Larousse).

P. 3. **Foch** (1851-1929), maréchal de France, de Grande Bretagne et de Pologne. Il fut nommé généralissime des armées alliées en mars 1918. Il prépara l'offensive qui décida de la victoire des alliés en octobre et novembre 1918. Il repose maintenant aux Invalides à Paris.

raccourci, substantif masculin, du verbe *raccourcir,* rendre plus court—un abrégé à la façon de Pascal (1623-1662), célèbre philosophe français, dont la rhétorique, c'est-à-dire l'art de dire beaucoup de choses en peu de mots, est restée proverbiale.

Pétain (né en 1856), maréchal de France. Il se fit remarquer dès le début de la Grande Guerre. Sa résistance à Verdun fut héroïque. Il devint, en 1917, général en chef des armées françaises.

le Parti Bleu. Dans les manœuvres militaires, les armées opposées s'appellent le parti bleu et le parti blanc ou rouge, pour éviter la confusion.

P. 4. **Lyautey** (né en 1854), maréchal de France. Avant la guerre il était résident général de France au Maroc, qu'il pacifia et organisa d'une façon admirable.

Fez, ville de 105,000 habitants, la capitale du Maroc.

indigènes, les habitants originaires d'un pays.

Rabat, ville de 37,000 habitants, du Maroc sur la côte de l'Atlantique.

chantier, endroit où l'on travaille à la construction d'un édifice, d'un bâtiment, ou d'un vaisseau.

P. 5. **chevaux de bois,** animaux, généralement des chevaux en bois fixés sur un plancher, qui tournent autour d'un axe et sur lesquels montent les enfants dans les foires et fêtes (roundabouts).

la bataille de la Marne. Elle eut lieu les 6, 7, 8, 9 septembre 1914. Elle fut gagnée par les armées françaises et anglaise et décida réellement de la victoire.

Joffre(1852–1931), le premier des maréchaux de France. Il était généralissime en 1914 et gagna la première bataille de la Marne.

French (1852–1925), Lord, maréchal anglais et vice-roi d'Irlande. Il commandait les troupes anglaises au début de la Grande Guerre; il joua un rôle très important dans la bataille de la Marne.

P. 6. **Kitchener** (1850–1916), Lord, général anglais. Il combattit dans les armées françaises en 1870. Il prit Khartoum en 1898 et acheva la soumission du Transvaal en 1902. Ministre de la Guerre en 1914 il créa une armée anglaise de plus d'un million d'hommes. Il mourut dans un naufrage, alors qu'il était en route pour une mission en Russie.

Salonique, ville de 105,000 habitants, en Grèce.

Gordon (1838–1885), général anglais, gouverneur du Soudan. Il fut assassiné à Khartoum.

Derviches, prêtres de la religion musulmane.

matériel de rebut, matériel de guerre dont les armées européennes ne voulaient plus se servir parce qu'il était sans valeur.

une canonnière, un petit vaisseau de guerre armé d'un ou de plusieurs canons.

une crue du Nil, élévation du niveau d'un cours d'eau; ces crues forment en Égypte des inondations qui fertilisent le pays.

P. 7. **le Mahdi,** le chef d'une secte musulmane; le mahdi est aussi un prophète qu'attendent encore certaines branches de l'Islam.

P. 8. **Marc-Aurèle** (121–180), il devint empereur romain en 161. Il défendit l'Empire contre les invasions des Quades et des Marcomans. Il écrivit des *Pensées*.

Stello, un drame romantique par Alfred de Vigny (1799–1863).

Quatre-vingt-treize, un roman par Victor Hugo (1802–1885).

houppelande (s.f.), espèce de long manteau, non ajusté, que les hommes mettaient par-dessus leur habit, et que portent encore les bergers.

Voltaire (1694–1778), écrivain français et philosophe.

France (1844–1924), Anatole France, célèbre écrivain français.

une barbiche, petite touffe de barbe qu'on laisse pousser au menton.

Gourville (1625–1703), financier et diplomate français.

le prince de Condé (1621–1686), célèbre général français souvent appelé " Le Grand Condé."

Malesherbes (1721–1794), ministre de la maison du roi Louis XVI. Il défendit son souverain et mourut exécuté.

Louis XVI (1754–1793), le malheureux roi de France qui fut exécuté par la Révolution.

Phèdre, une des tragédies de Racine (1639–1699).

Lemaître (Jules) (1853–1914), critique littéraire et conférencier français.

Mérimée (Prosper) (1803–1870), romancier français, auteur de *Colomba*.

le Vase Étrusque et l'Enlèvement de la Redoute, deux nouvelles par Prosper Mérimée.

P. 9. rétablissement (s.m.), action de soulever le corps par la force des poignets.

Rouen, ville de 116,000 habitants, située en France à l'embouchure de la Seine.

P. 10. le livre de raison, le livre où sont établis les comptes de la famille.

un hôtel, s'emploie souvent pour désigner en ville une grande maison, qui a été la résidence d'une famille pendant une ou plusieurs générations.

un frein, appareil pour modérer la vitesse d'un véhicule ou l'arrêter.

le capot, la partie d'une voiture automobile qui se trouve à l'avant, et qui recouvre la machine.

P. 11. étrave, les pièces de bois courbes qui forment la proue d'un vaisseau.

donner de la bande, s'incliner sur le côté.

un grain, terme de marine qui désigne un changement subit dans l'atmosphère accompagné de violents coups de vent.

une chevauchée de nuages, un ensemble de nuages qui se meut à la vitesse d'un cheval au galop.

un cotre ou cutter, un petit bateau à un seul mât.

amener la voilure, abaisser ou faire descendre les voiles.

amarrer la barre, attacher la barre ou gouvernail avec un cordage.

les capots de claires-voies, les couvercles en cuir qui servent à fermer hermétiquement les petites fenêtres à bord d'un vaisseau.

P. 12. **le beaupré,** le mât placé à l'avant du navire.

Que n'avais-je écouté.... Pourquoi n'avais-je pas....

la soute aux voiles, chambre réservée sous le pont d'un navire, pour garder les voiles.

une épave, ce qui reste d'un vaisseau après un accident ou une tempête.

Findlay (1812–1875), géographe anglais, auteur de chartes marines en usage aujourd'hui.

P. 13. **naviguer à l'estime,** terme de marine, avancer au hasard, en calculant approximativement la route faite.

P. 14. **Strasbourg,** ville de 170,000 habitants, la capitale de l'Alsace; fameuse par sa cathédrale. Strasbourg eut à soutenir un siège et un bombardement formidable pendant la guerre de 1870.

Francfort-sur-le-Mein, ville de 500,000 habitants, une des plus grandes de la Prusse. Autrefois ville libre et siège de la Diète de la Confédération germanique. C'est à Francfort-sur-le-Mein que fut signé le traité qui mit fin à la Guerre Franco-allemande de 1870–1871.

les toits en capuchon, les toits en forme de ce vêtement que portent les enfants pour se couvrir la tête, et qu'on appelle capuchon.

Rohan, une des familles les plus anciennes de la noblesse française, fameuse aux 16e, 17e, et 18e siècles et qui avait pour devise:

" Roi ne puis,
Prince ne daigne,
Rohan suis."

Alsace, province de France située entre ce pays et l'Allemagne. Elle fut conquise pour Louis XIV pendant la Guerre de Trente Ans. Cédée à l'Allemagne en 1871, l'Alsace redevint française en 1918 après la Grande Guerre.

Saverne, ville de 8000 habitants, située sur le canal de la Marne au Rhin.

Weyland ou Wieland (1733–1813), littérateur allemand, auteur d'*Obéron*. On l'a souvent appelé le "Voltaire allemand" à cause de la délicatesse et de la légèreté de son esprit.

Drusenheim et Sesenheim, deux villages situés aux environs de Strasbourg.

P. 15. **Frédérique Brion,** une jeune paysanne d'une grande beauté qui fut l'inspiration de Goethe pour ses premières chansons.

la légende du Docteur Faust. Le Dr Faust que Goethe a immortalisé avait été depuis le moyen-âge le sujet de nombreuses légendes et drames. Spiers, Wildman, Marlowe et beaucoup d'autres s'en étaient inspirés.

Prométhée, une des grandes figures de la mythologie grecque. C'était le dieu ou génie du feu. Pour animer l'homme qu'il avait fait, il déroba le feu du ciel. Jupiter pour se venger le fit clouer sur le Mont Caucase. Un vautour lui dévorait le foie, mais Hercule le délivra.

P. 16. **Goethe** (1749–1832), une des plus grandes lumières de la littérature allemande. Il écrivit *Werther, Hermann et Dorothée, Iphigénie,* parmi beaucoup d'autres drames et romans. Il passa plus de 50 ans à écrire un *Faust* qui lui assure l'immortalité.

Götz de Berlichingen, l'un des premiers drames de Goethe. Götz était un chevalier errant du seizième siècle qui prit la tête de plusieurs insurrections. Goethe dans son drame fit de cet aventurier un champion de la liberté.

P. 17. **Théocrite,** poète grec du troisième siècle avant J.-C.; auteur d'*Idylles* et d'*Épigrammes*.

Mahomet, le fondateur de l'islamisme. Il vécut de 571 à 632 aux environs de La Mecque (Mecca).

Herder (1744–1803), philosophe allemand, fameux surtout par l'heureuse influence qu'il exerça sur Goethe. Il écrivit une *Philosophie de l'histoire de l'humanité*.

P. 19. **Sharon Turner** (1768–1847), historien anglais; l'auteur d'une *Histoire sacrée du monde*, un ouvrage fort populaire.

P. 21. **régisseur,** celui qui dans un théâtre s'occupe de l'administration du service intérieur.

il sentait le fagot, il était soupçonné d'hérésie, et comme autrefois on brûlait les hérétiques, l'expression signifiait que le jeune Disraëli avait été si près d'être brûlé qu'il en avait gardé une odeur du fagot.

D'Israëli. Au retour d'un voyage qu'il fit en 1830, à l'âge de 25 ans, d'Israëli décida de supprimer la particule "d'" qui donnait à son nom un air étranger. A partir de ce moment, il adopta le nom de Disraëli.

clandestines, les répétitions ou représentations dramatiques faites en cachette, contre les lois et règlements.

P. 23. **Allah,** nom que les Musulmans donnent à leur Dieu.

P. 24. **Sarah,** la sœur aînée de Benjamin Disraëli.

Vivian Grey, le premier roman que publia Disraëli. L'auteur n'avait pas 21 ans et le livre parut à l'insu de sa famille.

le journal de Murray. Disraëli avait voulu commencer avec l'aide du fameux éditeur Murray la publication d'un journal. Cette entreprise fut malheureuse, et ce fut pour se guérir de ce contre-temps que Disraëli écrivit *Vivian Grey*.

P. 25. **le fil d'Ariane.** Ariane avait donné à Thésée un fil qui lui permettait de sortir du Labyrinthe. De là vient cette expression qui désigne la lumière qui semble guider notre intelligence au milieu des difficultés d'une entreprise.

il avait le pied à l'étrier, il était prêt à partir, comme le cavalier qui pour monter à cheval, met d'abord un pied à l'étrier (stirrup).

P. 28. **Tityre,** un des bergers de la première églogue de Virgile. On se sert de ce nom pour désigner un berger ou meneur aux allures poétiques et philosophiques, et pour se moquer de lui.

les clefs de Saint Pierre, Saint Pierre de Rome, l'église du Vatican, la résidence du Pape. Saint Pierre est ici synonyme de l'église romaine.

P. 34. **la soupape de sûreté,** espèce de couvercle qui s'ouvre pour laisser s'échapper le superflu d'un liquide ou d'un gaz.

Coningsby et Sybil, deux romans que Disraëli avait publiés dans sa jeunesse.

bien en chair, corpulent.

faire le point, terme de marine qui veut dire déterminer par des calculs la position du navire. Ici cette expression indique que Disraëli par son raisonnement voulait trouver sa position exacte au Parlement.

le **cardinal de Retz** (1613-1679), un homme politique et écrivain français. Nommé coadjuteur de l'archevêque de Paris, il joua un rôle important dans les troubles de la Fronde. Il a laissé des *Mémoires* dans lesquelles il a exprimé de curieux jugements sur les hommes et sur les événements de son temps.

P. 35. **transiger,** faire des concessions, un homme intransigeant est celui qui marche droit devant lui et qui ne veut rien céder.

la politique douanière, celle qui oblige les produits manufacturés ou récoltés à l'étranger à payer des droits d'entrée, ou de douane, à leur arrivée en Grande Bretagne.

engager une attaque à fond, attaquer de front et aller jusqu'au bout.

P. 39. **gourmander,** réprimander.

P. 41. **Canova** (1757-1822), sculpteur italien qui était fort à la mode à l'époque de Disraëli.

l'échec électoral, allusion aux élections de 1880 au cours desquelles le parti de Disraëli avait été écrasé par celui de Gladstone.

Sir John Millais (1829-1896), peintre anglais d'histoire et de portrait.

P. 47. **Madame du Deffand** (1697-1780). Mlle de Vichy Chamrond épousa le marquis du Deffand. Elle prit un appartement dans la rue Saint Dominique et ouvrit un des salons les plus célèbres du 18e siècle. Devenue aveugle, elle prit pour lectrice Mlle de Lespinasse à qui elle ne pardonna point d'avoir charmé par son esprit beaucoup de ses amis. En 1766 elle rencontra Horace Walpole, qui avait vingt ans de moins qu'elle, et qui se sentit un peu embarrassé de cette profonde tendresse qu'il inspirait à une septuagénaire. Elle eut avec Voltaire qui redoutait son esprit, et dont elle aimait l'esprit, une très intéressante correspondance (Lanson).

Madame Geoffrin (1699-1777), une femme célèbre par son esprit. Elle tint un salon très fréquenté par les philosophes de l'Encyclopédie.

Madame Récamier (1777-1849), une des femmes les plus spirituelles du dix-neuvième siècle, fameuse par sa grande beauté et par le salon littéraire qu'elle ouvrit sous la Restauration et que fréquenta Chateaubriand. Le peintre David fit de Madame Récamier un des plus beaux portraits qui soient au Louvre.

P. 48. **garde-fou** (s.m.), une barrière que l'on met au bord des quais, des précipices et endroits dangereux, pour empêcher les gens de tomber.

Massillon (1663-1742), un prédicateur français. Son éloquence douce et persuasive a fait de lui un des plus grands orateurs sacrés du 17ᵉ siècle.

La maréchale de Luxembourg, la femme d'un des plus fameux maréchaux du 17ᵉ siècle.

Mlle de Lespinasse (1732-1776), ancienne lectrice de Mme du Deffand, elle ouvrit après leur séparation un salon littéraire des plus fréquentés.

Rousseau (**Jean Jacques**) (1712-1778), philosophe français, auteur de la *Nouvelle Héloïse, Émile, Le Contrat Social,* etc.

P. 49. **rabrouer,** réprimander avec sévérité.

d'Alembert (1717-1783), philosophe français, auteur du *Discours préliminaire sur l'Encyclopédie.*

Madame de Maintenon (1635-1719). Elle épousa Louis XIV par un mariage secret. Sur la fin de sa vie elle se retira dans la maison de Saint Cyr qu'elle avait fondée pour donner aux jeunes filles nobles et pauvres une solide éducation religieuse.

la Régence, le gouvernement de Philippe d'Orléans sous la minorité de Louis XV. Ce fut une des périodes les plus immorales de l'histoire de France. Elle dura de 1715 à 1723.

le Régent, le duc Philippe d'Orléans, le neveu de Louis XIV. C'était un homme intelligent, généreux, mais faible, frivole et tout occupé de ses plaisirs.

être aux petits soins, faire tout ce qu'on peut pour plaire, ou pour déplaire.

livres, la livre était l'unité monétaire avant la Révolution. Elle valait à peu près un franc.

P. 50. **le président Hénault** (1685-1770), historien et poète français. Il était président au Parlement de Paris sous la Régence.

Madame de Montespan (1640-1707), marquise, et favorite de Louis XIV.

mécompte (s.m.), désappointement.

P. 51. **Pont-de-Veyle,** le neveu de Mme de Tencin qui ouvrit de 1726 à 1749 un salon rival de celui de Mme du Deffand.

Grimm (1723-1807), célèbre littérateur et critique allemand. Il fréquenta les salons avec beaucoup d'assiduité. *La Correspondance* qu'il a laissée est d'un grand intérêt.

les chenets (s.m.), ustensiles pour supporter le bois qui brûle dans les cheminées. "Avoir les pieds sur les chenets" est une expression qui signifie s'installer de manière à être confortable.

une brouillerie, mésintelligence, désunion entre des personnes unies d'amitié.

La Bruyère (1645-1695), moraliste français. Il passa la plus grande partie de sa vie comme précepteur chez le prince de Condé. Il a laissé des *Caractères,* qui sont une étude satirique des Grands de l'époque et qui contiennent des descriptions indignées de la misère des paysans dans les campagnes.

P. 52. **un fripon,** un homme trompeur, souvent un voleur.

un biais, une façon, un moyen détourné.

Matignon (1647-1739), un maréchal de France.

Necker (1732-1804), financier et ministre français. Il fut ministre de finances sous Louis XVI et tenta des réformes utiles mais insuffisantes.

Madame de Choiseul, la femme du duc de Choiseul (1719-1785), ministre des affaires étrangères sous Louis XV.

P. 53. **salon de moire bouton d'or,** un salon tendu d'étoffe à reflet changeant et ondulé, qu'on appelle moire (mohair) et de couleur dorée. Ces étoffes étaient attachées par des nœuds de ruban couleur de feu.

Diogène (412-323 av. J.C.), philosophe cynique grec, dont la sagesse consistait à vivre conformément à la nature et aussi près d'elle que possible. Pour cette raison il se contentait de vivre dans un tonneau.

Beauvau (1720-1793), maréchal de France.

Broglie (1718-1804), maréchal de France qui se distingua pendant la Guerre de Sept Ans et qui commanda les émigrés à l'étranger en 1792.

Damiens, il essaya de tuer le roi Louis XV d'un coup de canif. Arrêté, il fut enfermé à la Conciergerie, torturé et écartelé en 1757.

P. 54. **Montesquieu** (1689–1755), philosophe français auteur de *Lettres persanes* et de *L'Esprit de lois*.

Turgot (1727–1781), ministre des finances sous Louis XVI. Il entreprit de grandes réformes dans le commerce et l'industrie françaises, mais il déplut à la reine Marie Antoinette et fut disgracié.

le cardinal de Polignac (1661–1742), écrivain politique français. Il essaya de refuter la doctrine du matérialisme dans son *Anti-Lucrèce*.

le martyre de Saint Denis. D'après la légende, St Denis après sa décapitation, se serait emparé de sa tête coupée et l'aurait portée à plusieurs kilomètres de Paris dans un endroit qu'on appela St Denis et où fut bâtie l'abbaye où sont maintenant les tombeaux des rois de France.

Montmartre, un des quartiers de Paris où aurait eu lieu le martyre de St Denis. Montmartre serait une transformation des mots " Mont du martyre."

P. 55. **les Invalides.** L'hôtel des Invalides à Paris fut construit par Louis XIV pour servir d'asile aux soldats vétérans ou blessés dans les nombreuses guerres de cette époque.

Montaigne (1533–1592), philosophe et moraliste français. Sceptique dans sa doctrine il sut cependant se montrer tolérant pour les faiblesses humaines. Il a laissé des *Essais*.

Athalie, une des plus belles tragédies de Racine (1639–1699).

Gil Blas, un des romans de Le Sage (1668–1747).

Sir Robert Walpole (1676–1745), ministre libéral anglais, le père de Horace Walpole (1717–1797).

P. 56. **Brummell.** Ce fut l'arbitre des élégances au début du 19ᵉ siècle. On l'appelait le beau Brummell, à cause de l'impeccabilité de son costume et surtout de la perfection de ses cravates.

Madame de Sévigné (1626–1696), une des femmes les plus distinguées du 17ᵉ siècle, célèbre par sa *Correspondance*, elle passa une grande partie de sa vie à Livry, une commune de moins de 10,000 habitants située près de Pontoise à 50 kilomètres au Nord de Paris.

Hamilton (1646–1720), gentilhomme, né en Irlande. Il suivit les Stuarts en France et il laissa un ouvrage rempli d'esprit: *Les Mémoires du comte de Gramont*.

P. 58. **déconvenue** (s.f.), insuccès humiliant.

bagatelles (s.f.), choses de peu d'importance.

faire cas de, estimer, faire attention à.

P. 59. **les encyclopédistes,** un groupe d'écrivains et de philosophes qui, au 18ᵉ siècle, entreprirent de réunir toutes les connaissances humaines dans un seul ouvrage qu'ils appelèrent Encyclopédie.

Clarisse Harlowe, le roman de Richardson (1689–1761) dont devaient s'inspirer Goethe et Chateaubriand.

David Hume (1711–1776), philosophe anglais, l'auteur de *L'Essai sur l'entendement humain.*

pantins (s.m.), figures burlesques de carton, de bois ou de fer, dont on fait mouvoir les membres au moyen d'un fil.

bilboquets (s.m.), jouets de bois ou d'ivoire composé d'un petit bâton et d'une boule. Les pantins et les bilboquets étaient fort à la mode aux 17ᵉ et 18ᵉ siècles.

P. 61. **l'Incomparable.** C'était Madame de Sévigné qu'on appelait ainsi, et Madame de Grignan était sa fille avec laquelle elle correspondait fréquemment.

le langage des halles, le langage que parlent les marchandes de poisson au marché central (les Halles) de la ville de Paris.

P. 63. **prendre le voile,** se dit en parlant des jeunes filles qui se consacrent pour toujours à la vie religieuse.

le cabinet noir. C'était un bureau secret établi par Louis XIV et continué par Louis XV, et où l'on violait le secret des correspondances.

P. 64. **un fat,** un homme stupide qui affiche une haute opinion de lui-même.

P. 65. **un feu de paille,** un sentiment qui a peu de durée, tout comme un feu fait avec de la paille.

P. 66. **empêtré,** embarrassé.

P. 67. **Héloïse,** l'héroïne du roman *La Nouvelle Héloïse* de Jean Jacques Rousseau.

avantageux, présomptueux, prêt à se vanter. Voltaire parle de la jeunesse avantageuse de son temps.

ménagement (s.m.), précaution, réserve.

en flagrant délit, sur le fait, en train de commettre une mauvaise action.

goûter, apprécier.

P. 68. **balivernes** (s.f.), discours frivoles, futiles, sans aucune importance.

P. 70. **saisir au débotté,** saisir au moment de son arrivée avant même qu'il ait eu le temps d'ôter ses bottes.

P. 71. **déménager,** changer de maison ou d'appartement.

P. 72. **rabrouer,** traiter avec sévérité.

s'effaroucher, s'effrayer, se faire peur.

P. 76. **Ruskin** (1819-1900), critique d'art et écrivain anglais.

avion (s.m.), synonyme de aéroplane. Ce fut d'abord le nom donné par son inventeur, Ader (1841-1925), à une machine volante plus lourde que l'air.

suie (s.f.), une matière noire et épaisse que produit la fumée.

puantes, qui répand une odeur désagréable—du verbe *puer*.

P. 77. **capitonnage** (s.m.), une façon d'arranger les fauteuils, chaises et canapés avec de la soie ou de la laine pour les rendre plus confortables.

vermicelles (s.m.), une autre façon d'arranger les meubles en lignes longues et courbes rappelant les pâtes italiennes du même nom.

P. 78. **Velasquez** (1599-1660), peintre espagnol.

P. 79. **Bossuet** (1627-1704), orateur sacré. Auteur d'*Oraisons funèbres* et de *Sermons*.

P. 81. **nivellement** (s.m.), façon de travailler un terrain pour le rendre uniformément plat—du verbe *niveler*.

Millais (1829-1896), peintre portraitiste anglais.

P. 82. **Véronèse** (1528-1588), peintre italien, de l'école vénitienne.

Fra Angelico, ou le peintre des Anges. C'est le surnom du peintre toscan Giovanni da Fiesole (1387-1455).

Pythagore, philosophe et mathématicien grec qui vécut au 4e siècle avant J.-C.

Socrate (468-400 avant J.-C.), philosophe grec.

Valérius Publicola, l'un des fondateurs de la république romaine, qui vécut au 5e siècle avant J.-C.

P. 84. **Sainte Ursule,** une fille du roi de Bretagne qui fut martyrisée à Cologne au 4e siècle. Son supplice fut le sujet d'un tableau de

Carpaccio (1450–1525 environ), peintre vénitien.

P. 85. **Oscar Wilde** (1856–1900), écrivain anglais, né à Dublin. Il est l'auteur du *Portrait de Dorian Gray*, etc. Il mourut à Paris.

P. 88. **tournesol** (s.m.), une immense fleur jaune, qui se tourne toujours vers le soleil. On l'appelle aussi "Soleil" ou "Grand Soleil."

P. 89. **Whistler** (1834–1903), peintre et graveur américain. Portraitiste fameux qui naquit à Boston et mourut à Londres. Un de ses plus beaux tableaux, *Portrait de sa mère*, est au Louvre.

P. 90. **Paul Bourget**, né en 1852, critique et romancier français, remarquable par sa profondeur d'analyse psychologique et sa sûreté. Il est l'auteur de *Le disciple*, *Mensonges*, *Cruelle énigme*, *Le demon de Midi*, etc.

Verlaine (1844–1896), écrivain français. Auteur de *Fêtes galantes*, de *Sagesse*, etc. Poète symboliste un peu déconcertant, subtil, naïf mais très expressif.

Baudelaire (1821–1867), poète parnassien français. Il traduisit d'abord les œuvres du romancier anglais Edgar Poë. Puis il écrivit *Les Fleurs du Mal*, un recueil de poésies extraordinaires, qui révèlent un don des images, mais une âme malade et malsaine.

P. 91. **le mythe de Narcisse,** le fils du fleuve Céphise. Il devint amoureux de sa propre image en se regardant dans les eaux d'une fontaine, au fond de laquelle il se précipita. Il fut changé en la fleur qu'on appelle encore narcisse.

P. 92. **acajou,** les meubles modernes faits en bois rougeâtre, très dur et qui se polit admirablement, ce bois appelé acajou est fort employé pour les jolis ameublements.

P. 93. **André Gide**, né en 1870, écrivain français, poète, critique, l'auteur des *Nourritures terrestres*, *La symphonie pastorale*, etc.

P. 94. **caracoler,** aller à cheval, à droite et à gauche en sautillant.

P. 96. **Debussy** (1862–1918), compositeur français, né près de Paris : son art raffiné et impressionniste a renouvelé la technique de l'expression musicale (Larousse).

Il est l'auteur de *Pelléas et Mélisande.*

P. 101. **Diderot** (1713–1784), philosophe français, et l'un des fondateurs de l'Encyclopédie. C'est peut-être le penseur qui résume le mieux les aspirations philosophiques du 18ᵉ siècle. Il est l'auteur de : *Le fils naturel*, *Le père de famille*, des drames, et des romans *Le Neveu de Rameau*, *Jacques le fataliste*, etc.

d'Holbach (1723–1789), philosophe athée et allemand, auteur d'un *Système de la nature* pour la chimie.

Godwin (1756–1836), littérateur anglais.

P. 102. **la bienveillance goguenarde,** la bienveillance légèrement moqueuse.

P. 103. **Vicaire Savoyard,** allusion à un épisode de l'*Émile* de J. J. Rousseau. L'auteur s'efforce de démontrer la nécessité d'une religion toute personnelle, fondée à la fois sur le spectacle de la nature et sur le sentiment intérieur (*La Profession de foi du vicaire Savoyard*).

P. 105. **appeau** (s.m.), petit instrument comme un sifflet imitant le cri des oiseaux, et dont on se sert pour les appeler ou les attirer dans un piège—vient du verbe *appeler*.

un appariteur, un serviteur, ou huissier d'une université.

P. 107. **pied bot,** une difformité du pied causée par la rétraction de certains muscles.

Byron avait un piéd bot.

P. 110. **Clarens,** village de Suisse près de Montreux sur le lac de Genève, fameux par le séjour qu'y fit J. J. Rousseau.

Lausanne, ville de 69,000 habitants, en Suisse ; l'historien anglais Gibbon (1737–1794) y passa quelque temps.

Ferney, petit village sur la frontière de France et de Suisse. Voltaire y avait un château où il résida de 1758 à 1778.

Trelawny, un ami de Shelley, "homme extraordinaire, corsaire, pirate, qui à vingt-neuf ans avait parcourir toutes les mers du monde" (*Ariel*). Il était venu à Pise, curieux de rencontrer Shelley. Lui, Shelley et sa femme, Mary, Williams et sa femme, Jane, formaient la petite colonie anglaise établie à la Casa Magni. Trelawny avait un petit bateau qu'il avait appelé *Bolivar*, Shelley en avait un aussi nommé *Ariel*.

P. 112. **mouiller une ancre,** jeter une ancre dans la mer, pour qu'elle s'attache au fond, et retienne le navire.

arrimer, terme de marine qui veut dire "arranger solidement."

P. 113. **Pise,** ville de 68,000 habitants, située en Italie, fameuse par sa tour penchée.

Livourne, ville de plus de 100,000 habitants située en Italie sur la Méditerranée.

P. 114. **Chi è?** Qui est là?

Sapete alcuna cosa di Shelley? Savez-vous quelque chose de Shelley?

l'île d'Elbe, petite île italienne de la Méditerranée. Napoléon y fut rélégué en 1814 et s'en échappa en 1815.

P. 116. **un bûcher de pin,** une pile de bois de pin sur laquelle les anciens brûlaient les corps.

P. 118. **la chaux,** substance très répandue dans la nature. Mélangée avec du sable elle forme le mortier dont on se sert dans les constructions d'édifices.

P. 119. **le jeûne,** abstinence ou privation de nourriture par esprit de pénitence ou de mortification.

P. 120. **le cornet,** un papier roulé en forme de corne et qui sert de sac aux épiciers pour y mettre les marchandises qu'ils vendent en petite quantité.

P. 121. **un lutrin,** un haut pupitre élevé dans le chœur d'une église pour supporter les livres dans lesquels on chante les offices religieux.

les ifs (s.m.), arbres conifères toujours verts et qu'on voit souvent dans les cimetières (*yew*).

P. 122. **les Marquis de Biron,** vieille famille française du Périgord (sud de la France); un des plus fameux, Armand de Gontaut (1524–1592), fut maréchal de France.

P. 123. **le cadet,** le plus jeune de deux.

les Iles du Désappointement, les îles situées dans l'archipel polynésien et appartenant à la France.

le Comte d'Estaing (1729–1794), amiral français qui se distingua dans les campagnes des Indes et d'Amérique. Il mourut sur l'échafaud pendant la Révolution de 1789.

For EU product safety concerns, contact us at Calle de José Abascal, 56–1°, 28003 Madrid, Spain or eugpsr@cambridge.org.